Eurus

Notus

人間と国家（上）

ある政治学徒の回想

坂本義和
Yoshikazu Sakamoto

Boreas

Zephyrus

岩波新書
1316

まえがき

「君は川の向こう側に住んでいるではないか。友よ、もし君がこちら側に住んでいたら、僕は人殺しになるだろうし、君をこんなふうに殺すことは不正になるだろう。だが君が向こう側に住んでいる以上、僕は勇士であり、僕のすることは正義なのだ。」

これはパスカルが「正義」について述べた断章の一つです。

個人が人を殺せば、重い罪となります。しかし、国家の戦争で、できるだけ多数の敵を殺せば、愛国者として賞勲を受けられる。これが国家の歴史とともに、古くから当然のこととして繰り返されてきた事実なのです。

今日では、二〇世紀に行われた戦争、たとえば、第一次・第二次大戦、朝鮮戦争、ヴェトナム戦争、ソ連のアフガニスタン侵攻といった、国家と国家の間の戦争の時代は終わったとよく言われます。しかし、国家の名のもとに、ひとを殺すことが正当化されることは、過去のものとなったわけではありません。二〇〇一年の九・一一事件以降の対テロ戦争という「新しい戦争」において、当時のブッシュ大統領は、その演説で、「やつらを捕まえるか、殺すかだ」と何度も述べています。

私は、この言葉を耳にして、強い衝撃を受けました。「ひとを殺すなかれ(Thou shalt not kill)」は、モーゼの十戒以来、西洋の、そしておそらくは世界の多くの社会で、最も基本的な規範となってきたはずです。しかし、二一世紀のアメリカの大統領が、公然と「殺してしまえ(Kill them!)」とテレビ演説で言っても、アメリカのメディアや国民の多くは、慄然とするそぶりさえ見せなかった。それどころか、「ブッシュの戦争」に距離を置いたオバマ大統領が、丸腰のオサマ・ビン・ラーディンの殺害を公表した時、ホワイトハウスの前では、群集が熱狂的な歓声をあげたのでした。オバマ大統領は、ビン・ラーディン「容疑者」を国際裁判にもかけずに殺したことを「正義が執行された」と誇ったのです。こうした公然たる殺人の誇示と支持、それが私にとって衝撃だったのです。

これは、戦争だけの問題ではありません。最近の日本では、なぜ殺人にまで至ったのか、「説明不能」の事件がふえています。この現実に関連して、「なぜ、ひとを殺してはならないのか」という問いが、メディアで論じられたことがありました。しかし、結局、説得力のある論証は、不十分に終わったように思われます。こうした後味の悪い結果になったのは何故でしょうか。

それは、問題の立て方自体に問題があるからだと、私は考えます。「なぜ、ひとを殺してはならないか」という問いは、論理的な証明で答えられる、また答えるべき問題ではありません。それは、「人間は誰もが同じく生命をもった人間だという感覚」、「他者の生命に対する畏敬の感覚」という、論理や論証よりも根源的な感性にかかわることなのです。それは「人の死」が自然災害の結果である場合も同じです。いわんや、人間が「ひとを殺す」とき、人は、その行為で、自分自身のなかで、何か、かけがえのないものを殺しているのではないでしょうか。それは、戦場から帰った人が、心のどこかで知っているに違いないことだと思います。

しかし、国家が、いったん戦争を始めると、その国民の多くはそれを熱烈に支持するか、やむをえない防衛目的だと洗脳されるか、いずれにしろ、国家のために命を捨てる道を進むことを「正義」だとし、それに同調しない個人は「非国民」と糾弾されるのです。「国旗・国歌」や「領土」をめぐる問題でも、同じような現象が見られます。

戦争を互いに「正義」の名のもとに正当化するのをやめたヨーロッパ共同体の国々は、死刑を廃止しています。死刑を廃止している国は他にも多数ありますが、中でも注目すべき点は、二〇世紀に二度も「世界大戦」を惹き起こして世界を戦争に巻き込み、おびただしい人命を犠牲にしたヨーロッパの国家が死刑を否認しているということです。それは、国家が「正義」の名のもとに、戦争で人を殺すことと、国家が「正義」の名のもとに、人を死刑に処することとには、相通じるものがあるということなのです。

他方、日本は「先進国」の中で、死刑賛成者が突出して多いのは何故でしょうか。日本国民は、それほど国家の「正義」を信じているのでしょうか。

確かに国家の基本的な役割は、人間の社会の秩序やルールを維持することにあります。しかし、社会の秩序やルールは、国家だけによって維持されているのではありません。道徳、宗教、慣習、人情、共感など、広く人間の共生にかかわる社会の文化によってつくられ、守られています。言い換えれば、国家は人間の社会の一部であり、社会が国家の一部ではありません。

ところが、国家が社会全体に喰いこみ、国家が社会を併呑しようとすることがあります。かつての日本では、国家が教育勅語で道徳と教育を、国家神道で宗教を、そして広く人々の心を「大和魂」とか「日本精神」として支配下におき、ついには国家の戦争で社会を根こそぎ総動員したのでした。ほかの国でも、戦争だけではなく、全体主義や独裁が、社会は国家の一部だとして組織的に介入した例が少なくありません。それどころか、社会が「自発的」に国家に従属することを「愛国心」と呼ぶ傾向は、強弱の差はあれ、まだ、どの国にも見られるのです。

私は、幼い時から、こうした「国家」になじめず、国家への不信感を消すことができずに今日に至っています。アジア太平洋戦争中、「祖国」とか「故国」とかいう言葉が日常的に使われ、欧米でも「ファーザーランド、マザーランド」といった情緒的な用例が少なくないのですが、私には、そうした「祖国」はありません。なぜそうなのか。それを自分なりに振り返ったのが本書です。

そして、日本という国家の枠を超えて、いかに多くの敬愛する先達や友人とめぐり会い、その人々との率直な対話や共同の行動を通じて、国家を超えることの意味をより深く学び、それによって、どのように私がつくられてきたかを記しておきたいと思ったのです。

私は、一九二七年にアメリカで生まれ、ほどなく上海に移り、約一〇年間を過ごしました。その後で日本に定住することになったので、外から日本を見る眼も、私のなかで育ってきたのかもしれません。しかし一九二〇年代に生まれた世代とは違い、今日では、渡航や通信が以前には考えられなかったほど容易になり、また、留学や在外勤務で外国に行く人、外国で生まれ、外国で活躍する人、あるいは国際結婚をする人が、非常に多くの数にのぼっていますし、今後ますます増えていくに違いありません。現在では、私と似たような経験をもつ人々が数多くいると思います。

他方で、留学や仕事を目的に来日し、また日本に移住する外国人は、長期的には確実に増えていくでしょう。また日本は、難民にもっと門戸を開くように、国際的に求められています。そうした外国からの人々とどのように共生するか。それは現在、とくに欧米「先進国」の民主主義の試金石となっていますが、日本社会にとっても新たな課題であることは明らかです。

こうした国境を越えたヒトの移動は、どちらもグローバル化の当然の帰結でしょう。

それにたたみかけるようにして、この「グローブ(地球)」の意味を、身にしみて痛感させたのは、東日本大震災です。三月一一日、震動の異常を感じた私は、庭に飛び出しました。ひどい横揺れで立っていられない。庭木が小枝にいたるまで、震えている。私の人生で、最悪の地震です。震源から遠い東京でさえ、そうでした。

とっさに頭をよぎったのは、怒った自然の前で、自分がこんなに小さく無力な存在なのかという畏れです。そして、すぐに脳裏に浮かんだのは「地球環境保護」という言葉でした。この言葉で、人間が地球的な自然環境を保護するかのように思い込んできましたが、自然環境が人間を保護してくれたから、また保護してくれる限り、人類は生存してこられたのだという直感です。

テレビに写る、あのすさまじい地震と津波は、数知れない人と家とまちを、黒い大蛇の群れのように襲って呑み込み、地域社会を破壊していった。続いて、福島第一原発の崩壊の結果、放射能の脅威は、東北・関東だけでなく、また日本だけでなく、地球全体におよびました。

原発は「国家」のプロジェクトです。それは、地球の自然を脅かすことのない太陽光や風力などと違って、自国中心の極度に人工的な発電装置です。そして、まさにその自国中心主義の故に、国境を超える大気と海洋の汚染によって、自国はもとより、他の国家や地球を廃墟と化す危険を生じています。それは、「国家」のプロジェクトでありながら、自国のアイデンティティと国家間の境界線とを抹殺する、自己破壊的なプロジェクトに他なりません。なぜそのようなことになるのか。それは、「国家」そのものが高度に人工的なプロジェクトだからです。つまり、われわれ人間が、本来は「一つの地球」であるものを、きわめて人為的な「国家」に解体し、その「国家」プロジェクトで、制御不能な破壊力を生み出してきたために、「国家」の境界自体を抹殺するという、逆説的な結果に陥ったからに他なりません。後述するように、核兵器・核戦争にも、「国家」の自殺とも言うべき、同様な自己破壊のリスクが見られます。

東日本の原発事故で、われわれがあらためて自覚したのは、「一つの地球」という動かしがたい現実に比して、「国家」や「国境」は、「想像の共同体」と呼ばれる人為的なフィクションに他ならないという、冷厳な真実ではないでしょうか。換言すれば、私たちはもはや「国家の正義」ではなく「地球的な正義、グローバルな真実」を基盤として生きなければならない時代に来ていることを、東日本大震災は、生々しく示しているのです。

では、地球的な諸問題と取り組まなければならない現代に生きる人間は、国家との関係において、自分のアイデンティティをどのように感じ、考えていくべきなのでしょうか。

これは、本書の底流をなす、私自身への問いでもあります。

目　次

下巻目次

第1章　父母のこと、そして上海時代

上海のガーデン・ブリッジ(現在の外白渡橋)．その先のバンド(外灘)は黄浦江に面しており，欧米資本の建物が並ぶ(愛知大学東亜同文書院大学記念センター)

父と中国

父、坂本義孝は一八八四年(明治一七年)に福島県平(現在のいわき市)で生まれ、一九〇一年、福島県立尋常中学校磐城分校が磐城中学になった時の第一期生です。熱心なクリスチャンだった母親の坂本マサの影響もあって、父もクリスチャンになりました。家は生糸生産の小企業だったようですが、父の兄つまり私の伯父が、日露戦争の頃、先物相場のようなものに手を出して大失敗して破産した。その後、伯父は祖母らとともに米国に移民して、ガーデナー(庭師)として生計を立てることになりました。父は、中学は出たものの、カネがないので、学費のかからないところを探す以外にありませんでした。その頃は、毎日「大根めし」しか食べられなかったと、何度か父から聞いた記憶があります。当時、福島県に県費生という奨学金制度があり、また、たまたま上海に設立された東亜同文書院が、入学希望者を募っていたので、それに応募して入学しました。

東亜同文書院へ

日清戦争後、西欧列強の清国への介入が強まる中、清国で康有為らの革新運動や、孫文らの国民革命運動が起こったのに時をあわせて、一八九八年、貴族院議長近衛篤麿を中心に、東亜同文会が結成され、さらに義和団事件後の一九〇一年、上海に東亜同文書院が設立されました。日清の「教育協同」を掲げる根津一が、以後約二〇年にわたり院長を務めました。これは、一方で、欧米の侵入に対する「中国保全」を目的としつつ、同時に、日本の中国への経済・文化進出を含意するプロジェクトだったという意味で、近代日本のアジアとのかかわりの両面性をもっていたと言っていいでしょう。

東亜同文書院正門と校舎(愛知大学東亜同文書院大学記念センター)

父は第一期生として入学、一九〇四年に卒業。その後しばらく遼寧省営口の税関で実務を経験した後渡米し、伯父や祖母の移民先ロスアンジェルスに行きました。同市にある南カリフォルニア大学(南加大学)で、経済学の修士をとり、次にニューヨークのコロンビア大学に進み、ワシントンで開かれたILO(国際労働機関)の会議の末席に加わるなどして、一九二〇年に「日本の労働運動──一八六八──一九〇七」という論文を提出し経済学の博士号を取得。同年、ロスアンジェルスで、南加大学への留学のために在米していた母と結婚しました。そして母を連れて上海にもどり、一九二一年、東亜同文書院の教授に就任したのです。

教育者として

東亜同文書院は、元来、中国現地での日本人学生の教育を目的としていましたが、中国では、英仏米系の優れた教育施設が、とくに第一次世界大戦以後増え、中には セント・ジョーンズ(聖約翰)大学のように、卒業生が直ちにオクスフォード大学に入学を認可されるほど高水準のものもありました。そこで、一九一八年の日本帝国議会の決議にもとづき、同文書院に中華学生部を設けて中国人学生を受け入れることになりました。しかし一九年には、五・四運動のような反日機運が盛り上がっていたため、二〇年にようやく第一回の中国人学生が入学することになりました。

かねて日中両国学生の共学を主張していた父は、二五年に中華学生部部長に就任。父は東北生まれで、弁も立たない質朴で地味な人柄でしたが、それが、かえって中国人学生の信頼を得るのに寄与したようです。キャンパス内に住んでいたわが家には、日本人学生と同様に、始終中国人学生が相談に来たり雑談に来たりして出入りし、私もよく彼らに遊び相手になってもらっていました。また毎週わが家で、日中のクリスチャンの学生が礼拝の集いをもっていました。ですから私は、日本人と中国人とを区別するという感覚を持ちませんでした。

しかし、同文書院の中国人学生にも、当然、民族主義革命や共産主義革命の運動が浸透し、抗日の掲示文やストライキ計画、総退学アピールなどが現われるようになります。それに対する日本人の教師や学生も、共感する者と反感をいだく者とに分かれた結果、三一年、中国人学生の募集を打ち切るにいたりました。こうした緊張した複雑な学内外の情勢の下で、同年、父は中華学生部部長を辞め、また同文書院教授を辞職しました。その年の九月には満州事変が勃発しています。

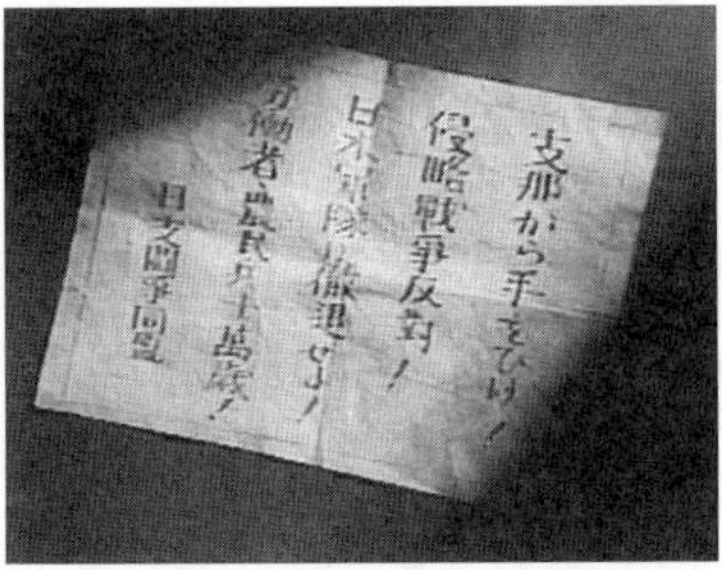

東亜同文書院の学生等が配った「反戦ビラ」(愛知大学東亜同文書院大学記念センター)

中国人学生からの信頼

私は三、四歳の子どもだったので事情は分かりませんでしたが、両親がひそひそと話し、母が「もっと頑張りなさい」というようなことを言って激励していたのを覚えています。父はかなり同文書院に失望した様子でしたが、しかし、中国人学生との親しい関係は続き、その後も信頼され続けていました。自分のしたことについてしゃべらないたちの父が、この間の経緯について、私に直接に話したという記憶はあまりありませんが、上海日本人ＹＭＣＡでの父の友人である末包敏夫氏が書いた文章が残っています。それによると、同文書院の中国人学生を日本の官憲から護ることに尽力したようです。

「憲兵隊に、警察に、自ら足を運ばれて身をもって抗議されたことは幾度かしれない。……「一体おまえは日本人か」とどなられたことも一、二度ではなかった。……〔坂本〕先生によって命拾いされた中国人は幾人もあった。ただ、先生は又それを手柄として吹聴するような人ではない……当然なすべきことをやっただけのことである」という態度だったとのことです。

私が父から直接に聞いた話が記憶に残っています。共産党員ではないかという嫌疑をかけられた中国人学生がいたので、父が、その学生のもらいうけに行って、その結果ようやく釈放されました。その人は、のちに重慶に行き、かなりの高官になったそうです。

また、日中戦争が終わった時、国民党軍が上海に入城してきました。上海の日本人は、それまでとは立場が逆転し、ただ小さくなって路傍で見ているだけだったようです。後述するように、父は終戦直後、上海にもどっており、その時は薄汚れた中国服を着て、南京路の道端で国民党軍の入城行進を眺めていました。すると、馬に乗って進駐してきた将軍らしい高級将校が、どういうことか、見物している群衆の中から父を見つけ、馬から下りて父に「先生、お久しぶりです。先生は、是非上海に残ってください」と言って握手したそうです。「とても嬉しかった」と父は言っていました。私はこの将校の名前を父に確認するのを忘れましたが、末包氏は、この将校は、二七年の蔣介石の反共クーデタの頃、共産党員の疑いで銃殺されそうになっていた時に父が助けた同文書院の学生だ、と父から聞いたと記していますから、前述の学生と同一人物かもしれません。

後に一九八三年に私が中国を訪ねた時、外交部で会った人の一人が「私はセント・ジョーンズ大学で、坂本先生に教わった者です」と話しかけてきました。日本が作った東亜同文書院で学生だった人物が国民党の高級将校になり、後述のように戦争末期に父が教えた英国系のセント・ジョーンズ大学出の人物が共産党政権下の外交部に勤務している。そのどちらもが親しみをこめて父を想い起こしたことは、私には人の運命と結びつきを考えさせられるエピソードでした。

東亜同文書院には、非常にユニークな教育プログラムがありました。学生は卒業論文を書くために、確か三カ月だったと思いますが、中国を数人一組になって旅行するのです。これを「大旅行」と呼んでいましたが、各地の都市や農村の現場で見聞したり調査したことを論文にまとめる。そのためには、中国語を使いこなさなければならず、その経験が非常によかったと回顧している人は少なくありません。こうして、貧しい農村を含めて中国社会の現場を調査・

経験するので、同文書院からは、右翼も出ましたが、左翼も出るのが当然でした。とくに中国人学生が、自国の現場を歩いて実態を見てきたら、中国の現状に批判的な論文を書くのは当り前で、共産党員の嫌疑をかけられる学生が出るのも理由のあることだったと思います。

反軍部・反侵略の姿勢

その半面で、排日が強まるなかで、父の中国の学生や友人との親交が日本人によって疑いの目で見られることは、当然予測できたことでした。しかし、父は在留邦人社会から孤立することを覚悟し、周囲からの批判を気にかけずに、中国人と親しく交わる態度を貫いていました。

父は反軍部という意味で、アンチミリタリズムの点では徹底していました。私に政治の話はあまりしませんでしたが、日中戦争、太平洋戦争を通じて、軍部に対しては非常に批判的な言葉で語っていました。のちに広田弘毅が首相になった時、「軍人でないのが首相になった、これはいい」と喜んでいたのを覚えています。

父は、日中関係の決定的悪化は満州事変からであるので、日本は満州事変以前の状態にもどすべきだという立場でした。今日から見れば、この主張にも問題がありますが、当時としては、日本人の間で孤立を余儀なくされる主張でした。

末包氏によれば、父は「満州国を既成事実として認めることが、どうしても良心が許さないので、常に悩んでいられた。いわんや中日戦争の如き、日本軍閥の侵略戦争と見抜き、いたくこれを恥じ、これが解決に悩み続けていられた」。そして「どうも日本の若い人は、ことの論理が分からない。すべてを既成事実として鵜呑みにし、肯定している。心ある中国人は決して承認していませんよ。沈黙しているが、これは承服ではない」という意見を日本の友人にぶつけていた。これに対し「満州問題まで否定してかかると、われわれの立場がないではありませんか」「先生の立場は古い。それでは全くの敗戦論ですよ」「先生の頭は古くて駄目です。そんな考え方で、発展して動いていく今の国際問題など、論ずる資格はありません」という反応が返ってくるのだった。ですから「先生の身の上を案ずる親しい友人たちは、真剣に注意」をうながしたが、多くの日本人は「先生を敗戦主義者、非国民よばわりして」離れていったということです。

父と中国人との交流は、その後もいろいろな形で続きました。とくに私の記憶に残っているのは、後述のように一九三九年、私たちは東京の石神井《しゃくじい》公園に父とともに転居していましたが、ある日、特高警察が来て、家の玄関に座り込んで父に質問をしたことがあります。どうも嫌な雰囲気だったので、何かあったら父を護らなくてはと、今から考えるとやや滑稽なしぐさですが、身構えて父の横に座っていました。質問の内容は、小学生だった私には十分には理解できませんでしたが、父と重慶関係の中国人との人脈を問いただしていたことは分かりました。

確かに、当時も時々家に中国人が出入りしていたので、特高が何かの情報をつかんで来たのでしょう。その中国人の一人が、終戦工作の時に、工作の相手として名があがった繆斌《ミャオビン》(当時の「南京政府」の高官)の息子で、その頃日本で学生だったと記憶します。繆さんとは父は親しくしており、上海郊外のその立派な邸宅に、私も一緒に泊まったことがあります。そのとき、中国の朝粥がこんなに美味しいものかと知りましたが、それは二四時間かけてつくるのだと聞きました。

国籍不問のわが家

父は、一九二八年から六年間、上海日本人YMCA理事長をしており、母もYWCAで活躍していたために、中国人や欧米人の友人が多数いました。松本重治氏は、その著書『上海時代』で、同盟通信の上海支局長として派遣された時、中国人、欧米人の友人をつくるのに格別の努力を払ったことを述べていますが、私の両親の場合には、クリスチャンとして、ごく自然に中国人や欧米人とのつながりをもつようになり、わが家には、多くの友人が始終出入りしていました。また父が訪問した折に揮毫を贈ってくれたのは、碩学の章炳麟、孫文の同志・黄興、内モンゴル人の徳王、それに胡適などで、今でもそれは保存してあります。当時のゲストブックがボロボロになって残っており、その中の自署によれば、二七年末、胡適が二度訪ねてきています。

父が三一年に同文書院を辞めたため、私たちは阿瑞里(アゼリ、英名 Azalea Terrace)という所に引越しました。その年の秋には、新渡戸稲造、前田多門、鈴木文治を招いていますが、これは内山完造の手配によることは、その自伝『花甲録』に記してあります。松本重治夫妻も二度来訪しており、河井道(当時東京ＹＷＣＡ)、小崎道雄(赤坂霊南坂教会)、鮎澤巌(ジュネーヴ国際労働局)なども記名しています。その他多数の中国人や欧米人、さらにカブールからの五人のアフガン人が訪れています。私は子どもなので、挨拶だけで食事には加えてもらえませんでしたが、こうした多様な国の人の出入りは、私が、国籍などに関係なく、さまざまな国の人を「わが家の友人・知人」と思う感覚をもつことになった大きな理由だと思います。

しかし、後述のように三二年一月に第一次上海事変が起こったため、一家は四月に帰国し、父は一年半ほど失業状態で東京に仮住まいをしました。その後、また上海にもどり、狄思威路(ディクスウェロ、英名 Dixwell Road)に住んで上海日本総領事館嘱託として勤めました。三六年には鎌倉に移り、在日スイス公使館顧問として勤務していました。三九年に石神井公園に家を買いましたが、中国で働きたいという希望で、翌年、単身で上海にもどり、日本総領事館と、上海共同租界の行政機関である工部局との連絡事務を担当して、岡崎勝男(後の外相)事務所に勤務して太平洋戦争を迎えました。

四二年、日本軍の占領下で共同租界が撤廃された頃、セント・ジョーンズ大学の教授に就任し、経済学と日本語講座を担当しました。これには、この聖公会系の大学側、とくに中国人教授が、日本の占領軍との緊張関係を緩和する必要から日本人教授陣を迎えたという背景もあるようです。同僚としては関屋正彦、田川大吉郎がいました。この時期には、時どき母が上海に行き、父を助けていましたが、セント・ジョーンズ大学に移ってからは、父は単身で自炊生活をしていました。

敗戦後、ふたたび中国へ

戦況が悪化する中で、父は家族のことを案じ、四五年五月に帰日しました。八月一五日には、父と一緒に敗戦のラジオ放送を聞きました。父は、反軍国主義でしたが、やはり愛国者であり、敗戦を喜ぶというより「来るものが来た」とがっくりした様子でした。

ところが、間もなく父は「上海に帰る」と言い出した。母は反対でしたが、どうしても「中国に帰る」と言い張り、「中国が自分の生きる場所だ」「中国人は信用できるが、日本人は信用できない」とまで言うのです。「中国人は、一旦信頼関係ができれば決して裏切らない」というのが、父の経験だったのです。そして、どのような手づるを見つけたのか、八月下旬に日本から最後に飛んだ、もちろん非武装の軍用機に乗せてもらいました。正確には知りませんが、おそらく北京までは飛び、その後は、汽車を乗り継いで上海まで行ったのではないかとのことです。当時まだ上海にいた親しい日本人の話によると、途中、自分の握り飯を他の人に与えたりして、ひどく憔悴して上海に着き、いつも親切に助けてくれたその知人の家にころがりこんで、三日間、眠り続けたといいます。外地の日本人は皆、日本に帰ることに全力をあげていた時に、逆に中国に行くという人は、おそらく他にはいなかったでしょう。

上海に帰った父は、セント・ジョーンズ大学にもどってみたものの、時代が変わり、日本人の職場ではなくなっていました。日本人や米国人の友人が親切に保護してくれたのですが、翌四六年初めには帰国しました。その間、父をよく世話してくれた米国人たちの配慮で、普通の日本人は手に持てるものしか持ち帰れなかった時に、父が帰国した際には、大きなトランクが届き、「American Friends Service Committee」というステッカーが目立つように貼ってありました。「アメリカ」が特別扱いされた時代でした。その中に、父が残してきた「財産」が――といっても、たいしたものではありませんが――全部入っていました。

そして四六年四月、英語が出来る人を探していた間組《はざま》に職を得ましたが、間もなく体調を崩し、その五月に死去しました。六一歳でした。

母の生き方

母、太代子は私にとって、父と同じくらい、親としても、社会人としても、大きい存在でした。

アメリカへ渡る

母は一八八六年(明治一九年)京都で生まれ、旧姓は長谷川で、両親が比較的早く亡くなったので、兄・長谷川猶雄が面倒をみてくれました。伯母の一人が日本赤十字の創立者佐野常民の妻で、母をかわいがってくれたようで、私が子どもの頃、青山墓地の「佐野の伯母さん」の墓に何度かつれて行ってくれました。兄の世話で、東京に出て実践女学校をへて一九〇八年に津田塾を卒業。津田梅子から刺激を受けたこともあり、日本の社会ではなぜ女性が男性より劣ったものとして、一人前に扱われないのか、強い疑問をもち、「男女差別のない平等の国」と思われた米国に留学することに決めたとのことです。

兄(のちに関東大震災で死亡)の支援もあって渡米し、南カリフォルニア大学(南加大学)に入学。母によると、南加大学でも、「家政学」を勉強するという条件で入学を認められたので、「アメリカでも女は家庭に縛られた勉強しかできないのか」と、失望したとのことです。あるいは、母がそれまでに女学校や津田塾で勉強したことが、他の学部には適さないと判断されたのかもしれませんが、母は男女の差別と受け取って、大いに憤慨したと言っていました。

母は、熱心なクリスチャンでした。それが津田梅子の影響なのか、ロスアンジェルスで家に置いてくれて、わが子のように温かい心遣いをしてくれた、ピアス夫妻の影響なのか、おそらくその両方から身につけたものでしょう。ピアス家に、父も置いてもらっていたので、二人はほぼ同じ時期に南加大学に通っていたわけです。一九一三年に父が修士課程を終わった頃、父が結婚を申し込んだようです。地味で控え目な父は、母の部屋のドアに、和歌を貼りつけて愛情を表現していたと、当時を知る在米の親戚が言い伝えています。しかし、父はコロンビア大学の博士課程で勉強する予定だったので、「博士号をとるまでは結婚しないと言って、父を頑張らせた」と母から聞きました。

差別への反対を貫いて

カリフォルニア州では、一九世紀末から、日本人移民が米国社会にとけこまずに日本人だけで固まる傾向や、写真結婚という「不道徳」な方式などに対する反感が生まれていました。一九一三年には同州で、米国に帰化しない者の土地所有を禁止する州法が制定され、さらに一五年の日本の対華二一カ条要求は、対華門戸開放政策に反するものであり、排日の空気が強まりました。そうした排日機運はとくにカリフォルニア州で強く、母はこれに人種差別の要素があることを憂慮し、日本人移民の立場を訴える講演をして歩いたと言っていました。そして、一七年に米国が第一次世界大戦に参戦したのを受けて、一八年、日本人移民の「忠誠心」を示すために、日本人の赤十字を組織し、その活動の中心人物の一人として活躍しています。米国人の赤十字とも協力して行動し、また州議会下院の公聴会では、日本人移民がいかに「アメリカに同化(Americanize)」する努力をしているかという証言をした記録があります。

津田梅子が小学生として米国留学していた時、黒人の子どもに中国人と間違えられ、「私は中国人なんかじゃない、日本人よ」と言い張ったというエピソードがありますが、母には、そうした中国人蔑視の態度はなかったようです。それは日本人も中国人も白人から差別されがちだったことに反発したからでしょう。

日本で、女性差別に納得できず渡米し、米国で人種差別の雰囲気に反対したところに、母の一貫した志が現われています。また母は英語が達者だったので、活発に発言し、ロスアンジェルス辺りでは、かなり目立った存在だったようです。当時からの友人として、高良とみがいました。

上海、そして日本で

父母，兄と(1930年頃)

二〇年に博士号を取得した父と、二一年にピアス夫妻の助力もえて結婚し、上海に移ることになりました。その後、伯父と一緒に移民として渡米していた祖母が高齢で病気がちになったこともあり、母が単身でロスアンジェルスに見舞いに行き、その一九二七年九月に、同地で私が生まれました。生後半年ほどして、母は私を連れて上海にもどりました。

父の東亜同文書院時代、母は学生有志に英語を教えていました。一時は講師の資格を与えられたようですが、主にボランティアとして教え、かなり有能な教師だったようです。中国人の学生が始終わが家に出入りしていた一因だったと思われます。またクリスチャンとしてのきずなもあり、当時の学生の何人かが、戦後、父が亡くなった後も、よく母を訪ねてきてくれました。

第一次上海事変後の数年を除く、上海生活を通じて、母は日本人のYWCAだけでなく、英米人のYWCAの活動にも協力し、外国人とのつながりは、おそらく父以上でした。

日本に帰ってからは、時代のせいもあり、取り立てて社会活動はしませんでした。戦時中、一度、高良とみの誘いで、朝鮮の教育視察に同行し、高良が当時、大政翼賛会寄りだったのに失望したことがありました。なおこの調査団には、教職についていた升味準之輔さんの母堂も一緒でした。

戦後は、父が亡くなり、収入がなく、売り食いをして家族を食べさせるのに精一杯でしたが、数回、依頼を受けて東北方面に講演に行き、男女平等を訴えていました。一九五三年に高良とみなどが婦人団体連合会を結成した時、評議員になりましたが、体調がよくないこともあって、活動はせず、一九五八年六月に七二歳で亡くなりました。

生い立ちと第一次上海事変

ロスで生まれる

私は一九二七年九月に、ロスアンジェルスの伯父の家で生まれましたが、当時の記憶めいたものとしては、家の前に高いまっすぐな木が並んでいたこと、家に入るとそこに縦長のストーブがあったこと（ロスアンジェルスで冬を過ごしたわけで、これは事実であると在米の親戚が言っている）くらいです。ほぼ半年ほどして母と上海に移りました。

米国には戸籍というものはなく、医師が書く出産証明書がありますが、そこには出産した病院名とドクターのサインがあるだけです。日本の領事に届け、戸籍簿に載っている出生地は「北米加州ロスアンジェルス市西二〇街二一六七番地」。一九六四年に同市に立ち寄った時、車でそのあたりを探してまわりましたが、結局どこが生家だったか分かりませんでした。アメリカ社会は、人の流動性が高いし、都市の膨張の結果、街や番地も変わっているので、分からないのは当然かもしれません。

私を名づけるにあたって、父・義孝は、一九〇〇年に反帝国主義の武装闘争に決起した義和団になぞらえたと言い、母は、「和」には平和に役立つ人間になるという願いをこめたと言っていました。二人の合作なのでしょう。

なお、伯父の息子の一人と、遠い親戚の息子、つまり私の従兄弟二人が、戦後、占領軍のGIとして東京に来ました。二人とも大学在学中に徴兵で来日したもので、当時の日本人とくらべて、体格も良く颯爽としていました。どちらも、親から話を聞いていたらしく、母を訪ね、食糧などを持参して助けてくれました。

上海の東亜同文書院時代のことは、すでに述べた通りです。父が三一年に辞職し、北四川路(現在は四川北路)に面した阿瑞里に移転。その年に、父が以前から参加していた太平洋問題調査会(IPR)の会議が上海で開かれ、有名なブロードウェイ・マンション(現在の上海大厦)の宿泊施設に逗留しておられた新渡戸稲造先生を両親について訪ねました。重厚な老紳士に私が「大きくなったら何になりたいか」と尋ねられたので、「鷲になりたいです」と答えた。何故そんな返事をしたのか、覚えていませんが、新渡戸先生は、ちょっとけげんな顔をされました。「鷲」という言葉を好まれなかったのかもしれません。

上海での激戦

その翌年三二年の一月二八日に、日本側の挑発で第一次上海事変が勃発。邦人は引き揚げろという方針が示され、近所の日本人は、長崎への連絡船で帰国し、ほとんど姿が見えなくなりました。わが家も引き揚げを予定したのですが、丁度その時に私が麻疹《はしか》にかかってしまい、当時、麻疹は危険な病気とされていたため、医師に旅行などで動かないように言われました。また私より二歳上で生まれた姉が一年足らずで、麻疹で死亡したこともあって、両親は留まることに決めたのでした。阿瑞里は二、三〇軒の英国風の煉瓦づくりの家が矩形をなして続き、真ん中の空間が共同の広場ないし庭になっている区画でしたが、居残った日本人は、わが家以外に二、三軒でした。

主な戦闘は、正規の共同租界の外に進出してつくった、通称「日本人租界」という細長い地域のすぐ西に並行する閘北《ザホク》で行われました。中国側の十九路軍が意外に強く、上海に駐留していた海軍陸戦隊はかなり苦戦し、激戦になりました。そこで陸軍を救援派遣したのですが、その時に、「肉弾三勇士」が自爆して幾重もの鉄条網を破り、部隊の進路を開いたという「美談」があります。これも激戦のさまを物語っています。銃声、砲声は絶えず聞こえていましたし、また「便衣隊」と呼ばれたゲリラが市内におり、流れ弾などが飛んでくることもありました。

顎の無い負傷兵

私は家で安静にしてはいたのですが、病院に通わなければなりません。邦人用の福民病院(現在は上海市第四人民病院)は近いのですが、自宅から行くには、一旦阿瑞里から大通りの北四川路に出ないと行けません。しかし、これは危険な通りなのです。そこで、阿瑞里の出口付近で、煉瓦造りの家の外壁に母と一緒にへばりついて身を隠し、銃声が途絶えると、機を逸せず大通りに出て病院に向かって走るのです。

のちに、この「銃声が鎮まると走る」記憶が呼び起こされたのは、ユーゴスラヴィア内戦のテレビ画像を見た時です。サラエヴォでは、水道管が破壊されて家では水が出ない。そこで銃声が鎮まると人々が一斉に走り出て、壊れた水道管から溢れている水をバケツに汲んで、また走ってもどってくるのです。それを見て、私も似たようなことをやったのを思い出したのでし

(上)上海・閘北で中国軍最前線を砲撃する日本の海軍陸戦隊．(下)便衣隊の嫌疑をかけて市民を調べる陸戦隊(いずれも 1932 年 1 月，毎日新聞社)

た。どちらも、戦闘の合間をぬって、市民が危険を冒して生き残るすべを示す姿です。

病院は負傷兵で一杯でした。負傷兵は悲惨です。手や足を失った人が大勢いるなかで、私がとくに衝撃を受けたのは、顎がえぐられて無くなり、包帯に血が真っ赤に滲んでいる人でした。翌日行くと、そのベッドに別な人が寝ていましたから、昨日の兵士は亡くなったということでしょう。ほかにも、これでも生きていられるのだろうかと思われるような、いろいろな負傷兵がいました。そうした戦闘の傷のすさまじさが、強く印象に残っています。

まだ五歳未満でしたが、大人から「日本の兵隊さんは、天皇陛下万歳と言って死ぬのだよ」と、よく聞かされていました。しかし病院では、いつも瀕死の状態でうなされている負傷兵がいましたが、誰も「天皇陛下万歳」などとは言いません。なかに、口からうめくように言葉をもらす人がいましたが、それは「お母さん」という声でした。子ども心にも「天皇陛下万歳と叫んで死ぬ」というのは嘘ではないか、という不信感が生まれました。これも、負傷兵たちを見て受けた衝撃でした。国が嘘をつくという疑いをもった、初めての経験です。それ以来、私の心には、国家に対する不信感が根づいたと言っていいのです。大げさな言葉で言えば、「国家権力の脱神話化」の初体験であり、その後の私に大きな影響を与えました。

一瞬にして人間が消える

この時の戦闘では、小銃や機関銃だけでなく迫撃砲が多く使われていました。迫撃砲は、後に高等学校時代の軍事教練で、古い実物の砲身を持って走る機会があり、「なんだ、こんな持ち運びができる筒みたいなものか」と思いましたが、戦闘では、「ヒュル、ヒュル」という音を出して飛ぶ弾丸が、すごい破壊力で爆発します。

上海事変の時、取り残された私の家では、二階の窓ガラスに内側から畳を立てかけて防御していたのですが、阿瑞里が福民病院の後ろにあったためでしょう、歩哨が立っていました。ある日、私がその畳の隙間から外を見ていた時、「ヒュル、ヒュル」という音がしたので、急いで

北四川路に土嚢を積み上げ警戒する陸戦隊(1932年1月，毎日新聞社)

身を伏せた瞬間、「バーン」という大きな音がしました。恐る恐る立ち上がって外を見ると、立っていた歩哨の兵隊が見えなくなっていました。ゲリラが病院を狙ったのか、近くの戦場からの流れ弾だったのか、それが歩哨を直撃したのか、至近爆破で吹き飛ばしたのか、兵士の姿は一瞬にして消えていました。それまで人が立っていた場所に、もう人間はいなかった。これは、鮮烈な記憶になって残っています。阿瑞里に残留していた別棟の婦人も、これを見て衝撃をうけたと、後日話していました。

この戦乱で、商店は閉まり、食べ物が手に入らなかった時、残留していた知人が大きなハムを一本持ってきてくれたのは、忘れられません。戦闘は三月に終わり五月に停戦協定が成立することになりますが、生活が続けられないので、四月には日本に帰国することにしました。引き揚げた時には父は失業状態で、目黒にいる親戚の助けで、北千束の小さな借家に、一年半ほど、住むことになりました。

なお、阿瑞里の家から遠くないので、時々遊びに行った新公園(現在の魯迅公園)で、私たちが引き揚げて間もなくの四月二九日に「天長節」祝賀会が行われました。そこに、日本軍の幹部や外交官などが集まった時、朝鮮人(尹奉吉)が爆弾を投げ、重光葵公使が片足を失い、白川義則大将が死亡したことを、帰国後知らされたのを覚えています。

上海のなかの帝国

一九三三年の終わりに上海にもどり、父は上海の日本総領事館嘱託として就職します。総領事館は黄浦江《こうほこう》沿いにあり、向かい側には米国領事館、背中合わせにドイツ領事館、その向かいにソ連領事館が並んでいました。それぞれ入口の上に大きな紋章をつけていましたが、日本の菊の紋章にくらべ、鷲のついた米国とドイツのは威厳というか、威圧感がありました。また父に連れられて日本総領事館の中に入った時、見慣れない部屋があり、父に「日本人が犯した犯罪は、ここで裁判をするのだ」と言われ、ピンときませんでしたが、あとでそれが治外法権(領事裁判権)だと知りました。

これらの(総)領事館は、みな煉瓦造りの建物が道路に面して立っているだけでしたが、そこからガーデン・ブリッジ(現在の外白渡橋)を越したところで黄浦江を見下ろす高台に広大な緑の芝生を占め、その奥に建物があるのが、ユニオン・ジャックを高々と掲げた英国の総領事館でした。今では実感をもちにくいのですが、他の国の領事館にくらべて抜群に広壮な一等地を占めていたこの総領事館を思い出すと、「大英帝国」というものが具体的なイメージを結びます。

また母が私を連れて友人を訪問するために父と待ち合わせをするのが、英国総領事館前の道路越しにあるパブリック・ガーデンと称する公園でした。「パブリック」と言っても、欧米人と日本人しか入っていませんでしたが、ここから黄浦江の対岸にみえる当時の浦東《ほとう》は、ユニオン・ジャックを掲げた工場らしい建物など以外には、とくに目立つ建造物などない広い平地でした。それが今日では、巨大なテレビ塔をはじめ、やや乱雑ですが高層建築のあふれる大都会になっており、中国の変化を痛感させます。

上海で見たこと

当時の上海には米英の共同租界とフランス租界があり、共同租界では英米日の代表からなる参事会があり、その執行機関として警察を含む「工部局」がありました。

日本海軍陸戦隊

日常的に目に入る警察官には、中国人のほかに、交通巡査として、シーク教徒らしいターバンを巻いたインド人が、かなり多くいました。

他面、常駐する軍としては日本海軍陸戦隊が英仏の部隊より大きく、新公園の近くにあるトーチカのように厚いコンクリートの、ほとんどグロテスクなほど頑丈な建物が本部でした。砲弾が当たっても貫通しないような外壁で、異様な威圧感がありました。ここから兵士が運転するオートバイのサイドカーに将校が乗ってダーッと出てくると、威圧感が倍加する印象でした。この建物は、八三年に上海を再訪した時にも、そのまま使われていました。その通りの向かいに、かつてはイギリス系のパブリック・スクールがあり、ネクタイをした生徒たちがラグビーなどをやっていましたが、陸戦隊とは、ぎこちない対照でした。

日本人への敵意

私は、三四年四月に通称「北部小学校」(日本尋常高等小学校)に入り、狄思威路の家から歩いて通いました。その頃は、日本軍は本部に集結しており、日本兵を目にするのは、個人でまちに買い物に出たり、休日にブラブラしたりする姿でした。家から遠くないところに「つきのや」という店らしきものがあり、母に「子どもはそばに行ってはいけません」と言われていました。なぜ「いけない」のか、当時は分かりませんでしたが、出入りしていた軍人の服装からすると、多分、将校用の慰安所だったのだろうと思います。

日常生活で日本兵を覚えているのは、中国人が大勢で開いているロードマーケットに来る姿です。露天の店は、菓子、揚げ物、果物などを安く売っているのですが、日本兵は、よく代金を払わないで行ってしまう。中国人が大声で抗議しても、知らん顔をして行ってしまったり、それでも抗議をするとビンタを食らわせて去ってしまう。そうした光景を何度か目撃しましたが、行ってしまう兵隊を、すごく恨めしそうに見ている中国人の表情を、今でもよく覚えています。

上海の交通手段として、中心部や特別の大通りには、路上電車やバスが走っていますが、それのない所に行ったり、そこから自宅に帰ったりするには、普通「黄包車《ワンパオツー》」と呼ぶ人力車を使います。これは運賃が決まっていないので、乗る前に値段を交渉するのです。ところが日本の兵隊は、乗る前に一応交渉はするけれど、降りても払わないで行ってしまうことが少なくない。車夫が文句を言っても、無視して行ってしまったりする。その時の車夫の憎々しげな目は、それを見ていた私の記憶に焼きついています。

自宅から学校まで、一五分ほどかかりますが、ある日、家に帰る途中、私と年の違わない兄弟らしい二人の乞食が近寄ってきました。手には、施しのカネを入れてもらうための、ひものついた鍋を持っていましたが、突然、「トンヤニン!」と叫び、鍋をブーンと振り回して、私の腕にガツーンとぶつけました。「トンヤニン」とは「東洋人」つまり「日本人」のことです。あの兄弟から、敵意を感じました。私の両親は、多くの中国人の友人と親しくしていましたから、私が「日本人」として憎まれたのはショックでした。

また、自宅のあたりは日本人が多く、ある日、家の前の道で四、五人でキャッチボールをしていました。するとボールが外れて、T字形に交差している大通りまで転がり、中国人の子どもが拾って持って行きかけた。こちらが「返せ」とどなると、その子どもが、こちらを向いて、何か怒ったように叫ぶのです。そして言い合いが石の投げ合いになると、中国人の他の子どもたちだけでなく、通りにいた中国人の大人たちが集まってきて、道を塞ぐほどにふくれあがり、みんながこちらをにらんで何か罵りながら、少しずつ近づいてくるのです。私たちは、怖くなって「逃げよう」と言いながら、自分の家に飛び込んだのでした。これも、日本人が嫌われ、憎まれていることを痛感させた経験で、鮮明な記憶として残っています。

北部小学校の塀隣りに、中国人の中学校がありました。ふだんは何事もなかったのですが、ある日、何がきっかけで、どちらが先なのか不明ですが、高い塀越しに一方が石を投げ、相手も石を投げるという、猛烈な石投げ合戦になった。先生が出てきて中学と話をつけ、ようやく収まりました。ちょっとしたきっかけで、日本人に対する憎しみがパッと燃え上がるという雰囲気は、子ども心にも強く感じました。

租界で日本人が多く住む地域にいる中国人は、お手伝い(阿媽、アマ)さん、店の使用人、もの売りなど下層の人が多くて、対等につき合う環境が乏しく、例外的に信頼関係をつくった人たちを除けば、ここにも一つの壁がありました。

庶民たちの貧しさ

事実、当時の中国人は、ごく少数の富豪を除けば、貧しい庶民が圧倒的に多かったのです。私の通学路の道路脇に、朝、赤ん坊の死体が、時折棄ててあるのを目にしました。育てられない赤ん坊を夜中のうちに、人目のつかない住宅地に棄てていくのです。稀に小さい粗末なお棺に入れてあるものもありましたが、たいていは、真綿が入った中国服の切れ端に包んで置いてある。朝に工部局の警官が来る前の時間です。

ある冬の朝でしたが、一応包んであるものの、赤ん坊の顔が出ているのが見えました。その顔は白蠟のようでした。乳も十分にもらえなかったのでしょう。凍死して白くなっている。あの色は、私の脳裏に今でも焼きついており、一生忘れられないでしょう。

中国の庶民は貧しい暮らしでした。私は、長崎からの連絡船(長崎丸と上海丸)で何回か往復しましたが、上海の埠頭に着くと、やせた「苦力《クーリー》」の群れが、体をくの字にして、背中に重い積荷を負って運びおろす。これを見るたびに、「ああ、ここは中国なのだ」と、痛々しい思いをするのが常でした。たしかに、その後の中国には、いろいろな問題がありましたが、十数億の人間がまともに食べられるようになったというのは、ほんとうに革命的な大事業だったと思います。

内山のおじさん

わが家の庭の先に、中日教会があり、両親がクリスチャンでしたから、私はそこの日曜学校に行かされました。牧師は古屋孫次郎で、商売上手で知られた人でした。長男が古屋安雄で、プリンストンの神学校で学び、国際基督教大学の宗教担当の教授になり、その後、アジア学院で途上国の若い人の教育に従事しました。私の、子どもの時からの最も長い友人です。彼は、自分の父親が、私の父と違って、はっきりと反軍部でなく妥協的だったと率直に批判しています。私も古屋牧師は好きでなかったのですが、日曜学校での「内山のおじさん」の童話が面白くて、いつも楽しみでした。話し手は内山書店店主の内山完造で、クリスチャンであり、温かいおじさんで、家族ぐるみのお付き合いでした。内山のおじさんが魯迅をかくまったりしていたことは、父は知っていても話しませんでした。いつもニコニコしたおじさんで、大好きな人でした。中国人にもまったく同じように接していたので、非常に信頼されていました。

あとでふれるように、一九四一年の太平洋戦争勃発の直後、私は上海で冬休みを過ごしましたが、内山書店で、コンサイス英和辞典を買い「内山書店で購入」と書き込んでおきました。

長く使ってボロボロになったので、最近処分してしまいました。

多分、両親が古屋牧師に距離をおいていたためか、私の兄は、北四川路に近い別の教会（日本基督教教会）に行かされていました。そこの成田牧師は気骨のある人で、教会の会報に、日本軍を「皇軍」ではなく「蝗軍（いなごの軍）」と書いて、憲兵に拉致されたりしました。戦後、賀川豊彦の松沢教会で父の告別式の司式をしてくれました。なお、中国では蝗の大群が発生すると、一切の農作物が喰い荒らされ、大量の餓死者がでることは、パール・バックの『大地』にも描かれています。

玩具・映画・オペラ

両親は反軍部でしたが、とくに母はパシフィストでしたから、私には刀や鉄砲など、武器の玩具は絶対に与えませんでした。戦争ごっこにも反対でした。ほかの友達がちょっと羨ましく見える時もありましたが、代わりに、木や金属でできた、いろいろな組み立て玩具をくれました。私も結構それが好きになり、お蔭で、その後も学校での「手工」「工作」の時間が楽しく、大きくなったら大工になろうと考えたりしました。

母はチャップリンのファンで、上映があると連れて行ってくれました。欧米人も入る映画館でしたから、日本語の字幕はなかったのですが、無声映画の場合でも、身振りで意味がよく通じ、その鋭い道化ぶりに、笑いながら感心しました。また、北四川路に「歌舞伎座」という日本人用の劇場がありました。はっきり覚えているのは、日本人オペラ歌手の先達である三浦環が演じた「蝶々夫人」。ピンカートン役などが誰だったかは忘れましたが、三浦は声量はあるものの短身で肥っており、和服の帯で着ぶくれして、分からない外国語で歌い、最後に人形を抱いて崩れこむのは、いかにも奇異な感じでした。オペラとは妙なものだという偏見を持ってしまいました。

第2章　少年時代

鎌倉の自宅にて

鎌倉に移って

一九三六年に日本へ帰国し、神奈川県鎌倉の御成小学校の三年生に転入学しました。上海でも、日本人だけの小学校に通っていたので、違和感はありませんでした。借家住まいは、西佐助ヶ谷という、当時はさびれていた「銭洗《ぜにあらい》弁天」の近くで、ここで二年ほど暮らしました。すぐ奥に高い丘が続いており、それを越すと長谷の大仏の方に出る。のどかな田園地帯でした。その丘に登って歩いたり、田圃で母と蛍狩りをしたり、夏には父と由比ガ浜に行ったりしました。学校に行く途中に短いトンネルがあり、その先の広い無人の岩崎(三菱)邸や「正宗の井戸」の前を歩いて通学しました。のびのびとした環境でした。この時期、父は駐日スイス公使館顧問を務め、東京に通勤していました。

南京陥落の提灯行列

三七年に日中戦争がはじまり、その年の一二月に南京陥落の祝賀行事があり、よく意味が分からないまま提灯行列に加わりました。二七年のクーデタで「共産党員」と見なされたたくさんの中国人が殺されたと、上海で後々まで大人から聞いていたので、私は蔣介石に反感を持っており、南京陥落は当然という気持でした。のちに東京裁判で公表される「南京大虐殺」のことなど、全く知らなかったのです。

当時の鎌倉では、女性はみな和服を着るのが普通でしたが、母は、上海でと同じように、ずっと洋服を着ており、「父兄会」でも一人だけ洋装でした。その頃は「戦時」の気分が横溢し始めていただけに、少し目立っていたのです。

洋装の母への目

ある日、小学校で校長が講堂で生徒全員に訓示をしていた時、「今の時節にもモダンガールがいる」と言ったのです。すると、ほかの児童がドッと笑って、私の方を見る。母のことだと分かっているのです。しかし、母はそうした時代の雰囲気の中で、堂々と自分を主張するのが当然だと考えており、洋装で通しました。私は「被害者」だったのですが、今から考えると、母は偉かったと思います。他の人々と違う服装で街を歩くのは、今欧米で起こっている、ヘジャブやブルカなどの問題と同じで、母の一貫性は立派だったと思います。

三七年には総選挙があり、鎌倉では「片山哲」というポスターが、あちこちの電柱にはってありましたし、まだファナティックな軍国主義が子どもに浸透するまでには至っていなかったので、私が仲間はずれにされることは、ありませんでした。校長は軍国主義でも、先生たちは、比較的自由でした。昨今の学校で、校長や教頭がお上の権力に同調して、先生方の自由や権利を抑え込むのよりは、ゆとりがありました。

本とラジオの愉しみ

御成小学校には別館の図書館があり、充実していました。私は、そこに揃っていた講談社の『少年講談』シリーズが大好きで、猿飛佐助など真田十勇士の話は全部読みました。強きをくじき、弱きを助けて正義を実現する特技と力の話は、気持が良くて好きでした。当時出ていた江戸川乱歩のものは、別な面白さがあったし、また『小公子』などを何度も読み返したりしました。野口英世の伝記も記憶にのこっています。

上海では、わが家にラジオはなく、日本語にせよ、外国語にせよ、ラジオ放送は聞きませんでした。鎌倉に来てから、父がラジオを買いました。父が聞くのは当時のJOAK(のちのNHK)ですから、ニュースのほか、すこし右がかった時事解説や「修養講座」的なものでした。父が聞いていない時には、落語や講談を結構楽しみましたし、広沢虎造、とくに天中軒雲月という女性の浪花節は、迫力がありました。今のテレビと違って、耳で聞く言葉と語り口だけでの勝負でした。もちろん三六年のベルリン・オリンピックの放送も聞き、有名な「前畑ガンバレ」というアナウンサーの絶叫も聞きましたが、スポーツにはあまり関心がありませんでした。運動会は苦手でした。

ここでも母はチャップリン映画には必ず連れて行ってくれ、また長谷川一夫・田中絹代コンビの単純な愛情物語も、よく見ました。

石神井での小学校生活

石神井と小作農

一九三八年、父が東京への通勤に疲れ気味だったので、東京に引越すことにしました。家を買った石神井は、東京といっても、当時は板橋区の辺地で、練馬大根が主な産物でした。毎年、一一月くらいになると、大根を収穫し、小川の冷たい水の中に入って土を洗い落とし、それを並べて吊るし、干すのです。沢庵の材料ですが、冷たい水に裸足で入ってゴシゴシ洗うのは、見るだけでも寒さが身にしみる、痛々しい光景でした。これは小作人の仕事で、地主はそれを集めて沢庵漬けにし、商品化して出荷するのです。

私たちが住みついたのは、東京商科大学(現在の一橋大学)予科が国立に移転した跡の、草ぼうぼうの原っぱで、武蔵野電車(現在の西武池袋線)の石神井公園駅まで、私の家から十分ほどですが、線路までの道には、ほとんど家がありませんでした。この電車は、乗客を運ぶだけでなく、貨物電車で秩父からセメントや砕石を運び出し、他方、近郊農家に下肥《しもごえ》を配るのが商売でした。しかし、商大の跡地を、のちの西武グループの創設者で衆議院議長にもなった堤康次郎が宅地開発をして売り出した場所であり、大泉学園も同様だったので、道路が縦横にきちんと走っている地区もあります。割に環境が良かったせいか、石神井には我妻栄、東龍太郎、坂本太郎などの東大教授が住んでいましたし、池袋との中間の江古田には田中耕太郎、武谷三男などの家もありました。

三八年の四月から、石神井の「中の学校」という小学校に行きました。「東の学校」とか、方角によって通称が使い分けられていたのです。このあたりの小学校は、地元の児童がくる学校でした。この学校に行って初めて知ったのですが、昼の弁当を食べる時間に、いつも本を読んでいる生徒が何人かいて、また芋や餅だけを持ってくる子もいました。当初、本を読んでいる子は、よほどの本好きなのかと感心したのですが、そのうちに、本を読んでいるのは弁当を持ってこられないためだと知って、たいへん驚きました。満足な弁当を持ってくるのは、私と、もう一人会社員の息子くらいで、あとはとても粗末なおかずの弁当しかもってこないか、あるいは全く昼飯抜きなのです。当時、石神井のあたりは、貧しい小作人が多かったのです。

この頃、大泉師範附属高等小学校が新築中だったので、石神井の学校に転入学する時に、母が担任の先生から「ここは勉強するのに向いていないので、お宅の息子さんは、早く大泉に行った方がいいですよ」と言われたのでした。同級生たちと、学校では顔を合わせていたのですが、かれらは農家で手伝いをしなくてはならなかったのでしょう、私と一緒に遊ぶことはなく、私は何となく敬遠されていました。中国で、貧しい人は大勢見ていましたが、鎌倉では、そうした経験がなかっただけに、日本にも貧しい小作農がたくさんいることは知らなかったのです。

ところが、その後、戦後の農地改革で、かつての私の同級生の多くが土地所有者になり、食糧難の時代に、買出しに来る都会人に対する強気の売り手になり、地位が転倒しました。農地改革が「革命」だということを身にしみて感じました。それどころか、その後、住宅地が増え、土地が値上がりした結果、私など足元にも及ばない金持ちになり、石神井の農協は、カネ余りで知られるようになりました。同級生の中には、豪邸を建てたり、肩で風を切って歩く人も出てきましたが、私は、やはり戦後改革はよかったと思っています。

実験校への転校

三八年の一学期が終わったところで、開校した大泉師範附属高等小学校に移りました。この小学校は出来たばかりで、第一回の生徒には沿線の中小企業の子弟が多かった。また先生は実験校としての役割について抱負をもった人が多かったと思います。ここでも、師範学校の校長は、文部官僚そのもののような退屈で無表情な顔で訓示をする人でしたが、現場の先生は、のびのびとした教育をしてくれました。現在のような進学校とはまったく違う雰囲気でした。師範学校の寮が夏休みには空いているので、そこで合宿生活をさせて、畑作業、競技、食事のマナーをはじめとする生活指導などをやりました。私はこの時に、箸の正しい使い方を身につけました。三九年九月の初め、私たちは寮にいましたが、ドイツのポーランド侵攻が始まり、「これは大変なことになるぞ」と先生が言われたのを覚えています。

その秋、修学旅行ということで、伊勢神宮と橿原神宮方面に行きましたが、恐らく校長の指示だったのでしょう。伊勢神宮の川の流れがきれいだったことだけが記憶にのこっています。

一九四〇年の春、中学校の受験で武蔵高校を受けましたが、不合格でした。

その当時にも、中学受験の模擬試験があり、そこでのランク付けでは、一番難しいのが七年制（中学四年、高等学校三年）で、そのトップが東京高校、次が武蔵高校と府立一中（のちの日比谷高校）、それに成城高校、成蹊高校が続いていました。家から通いやすい江古田の武蔵高校に応募し、礼儀作法にうるさい山本校長が面接をするという噂を聞いたので、校長の書いた本を読んで、面接室に入る時の所作など、覚えたのですが、不合格でした。受験シーズンが終わってしまっていたので、困っていた時、たまたまその年に東京高等師範附属中学が増員するという情報が入り、それを受けて追加合格した。ほんとうに助かりましたし、後から考えると、武蔵高校のあの窮屈な試験に受からなくてよかったと思います。

高等師範附属中学の自由な教育

高師附属中一年の夏休み前、校舎が大塚の文理大キャンパスから音羽の女子高等師範の隣地に移転したので、石神井からは電車で池袋に出て、市電(のちの都電)で護国寺まで行き、徒歩で講談社の前あたりから坂を左に上がりました。

のびのびした空気

入学式の後、クラスで自己紹介した担任が広井家太先生でした。ちょうどその前に『講談倶楽部』か『雄弁』という雑誌かで「狭い家に住むサラリーマン広井家太」を主人公とする小説を読んだばかりだったので、この先生の名前は冗談ではないかと驚きました。

附属中在学中、この先生が一貫してクラス担任でしたが、担当科目は体育で、それ以外は「ほかの先生に任せた」と言って干渉しない、腹のすわった先生でした。ブルドッグに似た歩き方をするので「ブルさん」と呼ばれ、生徒がルール違反をすると、「おへそをつねるぞ!」「向うずねだぞ!」と大声で言うのですが、つねられても痛くないように加減する。豪快で淡白であると同時に優しい心遣いをする人柄で、在職四十余年の代々の生徒に好かれていました。三六年にドイツに留学し、ベルリン・オリンピックを見てライカで写真を撮ったのが、ご自慢

1943年夏，越後湯沢の石打で高等師範附属中学の各班別の合宿をした．中央で立つのが著者

で、それ以外に自慢はしない。権威に屈せず、生徒に対する批判や叱責は本人以外には言わず、陰では本人の長所を褒めるという生き方には、教えられました。七一年に亡くなられました。

附属中学は、戦時中であるにもかかわらず、自由な空気の学校で、配属将校は、概しておとなしくしていました。高等師範との関係もあり、教科書などを新たに作るために、型にはまらない、生徒の好奇心と創意を引き出すような、実験的な教育をしていこうという意気込みの先生が何人もいました。それだけに、生徒の方もやや生意気になった。毎年、高等師範の学生が実習のために「教生」として短期間授業を担当するのですが、科目担当の先生が「いじめていいよ」と言うので、教生を困らせようと、答えにくい難問をふっかけたりして喜ぶのが常習でした。真面目で緊張している教生は、立ち往生して困惑するのです。ところが、三年次だったか、事もあろうに堅苦しい「修身(道徳)」担当の教生が、堂々とした太い声で、「おお、ラケダイモンの人よ、よく聞け」とギリシア哲学にまつわる話で口火を切り、私たちの度肝を抜いたのです。明らかに、反権威主義の反逆児という印象を与える人物でした。名前を覚えていませんが、戦地に行かされてどうなったか、亡くなったかもしれません。惜しい人でした。

真珠湾攻撃の日

一九四一年一二月八日、私は中学二年生でした。この日の朝、町は非常にウキウキした空気で、商店や本屋から、ラジオで勇ましい行進曲などが流れていました。放送は、日本中が「戦勝気分」で、「やった！」と歓声をあげているという高揚感を煽り立てていました。学校の朝礼では、普段は冷静な話し方の「主事」という職名の中学校長が、「今日、日本はついに立ち上がって、勝った」と、興奮気味に訓示をしました。生徒は、みんな嬉しそうな顔をしていた。その時、私だけが浮かない顔をしていました。クラスの仲間がそれに気づいて「坂本、いったいどうしたんだ」と訊いてきます。ちょっと変だと思ったらしい。そこで、朝礼後、中学二年生らしい少しませた口ぶりで、「坂本は、アメリカに許婚がいるんじゃないか」などと言われました。

しかし私は、全然気分が高揚しないのです。一つには、前述したように、アメリカ人、イギリス人を含めて、親しい外国の友人がいるのが、上海時代から当たり前の家に育ったからです。

とても「鬼畜米英」という感覚はなかった。もう一つは、私とほぼ同年齢の従兄弟が二世としてアメリカにおり、会ったことはなくても、写真で見ていました。彼らと戦争をするのかと考えると、暗い気持になり、意気が揚がるわけがありません。アメリカに移民した身内や親戚がいる人、また米国から一時帰国した人などが、あの戦争の時、いろいろなつらい運命をたどり、国家に引き裂かれる思いを体験したことは、戦後になって知りましたが、当時の私にも、そういう気持がありました。

上海への最後の旅

四一年の冬休み、当時上海に単身赴任していた父を世話するために母も同地に行っていたので、両親に会うために、上海に行きました。終戦以前の最後の上海旅行です。東京から長崎まで、混んだ汽車で立ち通しでした。長崎から連絡船に乗ると、船長が、「救命ボートは、みんな軍にとられちゃったから、ない。いつ沈められるかわからないから、覚悟しろ」と言うのです。「これは、まずい船に乗ってしまった」と思いましたが、後の祭り。幸い、無事に着きました。

上海に着いて、街を通った時に驚いたのは、菓子屋にショートケーキだのパイだのが、たくさん並んでいることでした。その頃、日本の菓子屋では、まともな和菓子は姿を消し、「すあま」なら、闇をしない庶民にも手に入るという状態でした。太平洋戦争が始まり、上海全部が日本軍の占領下に入りましたが、まだ英米人以外の外国人も多く、また外国人の資本や物資が残されていたので、日本本土よりも豊かだった時期でした。日本は貧しい国になってしまったのだ、という思いが心に引っかかりました。

鮮明に記憶に残っていることがもう一つ。日本軍は上海の租界を全面占領下においたので、外国人を管理するために、一種の外国人登録証明書を発行しはじめた。岡崎勝男事務所がその業務を担当し、外国語が出来る日本人は手伝え、ということで、両親もその事務をやらされていました。私も、黄浦江沿いの「バンド(外灘、英名 The Bund)」の一角にある事務所について行きました。すると、見るからに金持ちとわかる、高価な毛皮のコートを着た人たちが、寒い風に吹かれながら、列を作って歩道にまで並んでいる。私を見て、嫌な顔をするのが分かりました。事務所の受付のそばで、作業を見ていたのですが、次々と「ステイトレス(stateless)」という人が来て、日本の担当者が始終押し問答をしているのです。私はその時「ステイトレス(無国籍)」の人がいることを初めて知りました。人間には、みな国家があると思っていましたから。富豪らしいユダヤ人や白系ロシア人などが、実に悔しそうな顔をしていたのを覚えています。

また、日本軍による租界占領後は、ガーデン・ブリッジに日本兵の歩哨が立つようになり、通行人の持ち物検査を始めていました。ある時、たまたま私が近くで見ていると、野菜を入れた籠をもった老婆が通りかかりました。兵隊は、中身を調べるまではいいとして、そのあと、野菜類を全部道に撒き散らすのです。それを、曲がった腰で一つ一つ拾い集める老婆の、恨みのこもった顔は忘れられません。よく目にするこうした兵隊の行動は、日本の軍隊に顕著だった「抑圧移譲」なのでしょうが、サディズム的でした。

冬休みが終わり帰国しました。その四二年の四月、教室でみなが騒ぎ出したので外を見ると、大きな米軍の爆撃機が、東京の中心あたりを、不思議なほど静かに低空で飛んでいるのです。バン、バンと高射砲の音が聞こえるのですが、まったく命中しない。高射砲とは意外に役に立たないものだ、と知った時には、爆撃機の姿は見えなくなっていました。B25によるドゥリトル中佐指揮の東京初空襲でした。

図書箱・文庫を作る

同じ年、教室に図書箱・文庫を作ろうと私が提案しました。クラスの全員が賛成だったかどうかは分かりませんが、反対はなく、とくに同級の大野正男(のちに弁護士、最高裁判事)、加藤晴康(京都の第三高等学校に入ったが、奈良薬師寺本堂の前で自殺)、大久保輝臣(学習院大学教授、フランス文学)、我妻洋(東京工大教授、心理学)、文才豊かな天野可人(大蔵省)、数学・理科に強い宮原昭(プラズマ研究所)、きまじめな浅尾新一郎(外務省)

などが賛成してくれました。そこで、古道具屋で観音開きの本棚を買って教室の隅に置き、自分が読んで良かった本を寄贈したり、推薦本を買ったりして並べることにしました。

私は、まっさきに『ジャン・クリストフ』と森鷗外訳の『ファウスト』を入れました。鷗外の翻訳が正確なのかどうか分からないけれど、日本語として名文なので、非常に感動したのです。また、『若きウェルテルの悩み』、『ベートーヴェンの生涯』なども納めました。早熟な加藤晴康がとくに推薦したのは、石坂洋次郎『若い人』、川端康成『伊豆の踊子』。そのほか、石川達三『蒼氓』、島木健作『生活の探求』などや、河合栄次郎や天野貞祐の後に発売禁止になった本も、私が持ち込みました。他方で、大川周明『日本二千六百年史』など、名調子の本も入れました。

加藤は独特の鋭い思考力を持った勇気のある男で、ある時、生徒の直感を大切にし、数学の「証明」を知識というより思考方法として教えてくれる田中良運先生に、「何故天皇を神と言えるのか」と、いわば「証明」を要求して、先生と激論をたたかわせた人物でした。先生は、教室で公然とそうした質問をさせたくないという配慮があったらしく、議論は全く嚙み合わなかったのでした。大野と加藤と私の三人は、年中議論をしていましたが、仲がよくて、一緒に山登りや旅行をしたりしました。

教室に図書箱・文庫をつくると生徒が言った時、普通の中学の担任なら、時代が時代でもあり、本の選択に口を出したりするのですが、広井先生は、一切干渉しなかった。自分たちで好きなようにやれといった、型にはめない方針を貫きました。この学校の非常にいいところは、個性を大事にしたことです。それは、教師の方針だっただけでなく、私たち仲間同士でも、そうでした。たとえば、大久保は、蝶の採集が趣味で、たくさんの蝶々の標本を持っていましたが、それで級友たちは彼に一目置いていました。それは、成績がいいかどうかとは別な評価で、自分なりに特技や趣味をもち、自分がやりたいことに打ち込んでいる級友の個性を尊重するという気風でした。最近の学校には、そうした空気がないようで、戦時下でも自由が保たれていた付属中学に行ったのは、ほんとうに幸運だったと思います。

読んだ文庫本

当時私が読んだのは、安い本しか買えないので、圧倒的に文庫本、とくに岩波文庫でした。一年生の頃から古本屋で文庫本を探すのが楽しみで、土曜日の午後には、放課後、料金七銭の市電に乗って神保町に出て、まずその辺りの古書店を一回りし、次に駿河台から本郷三丁目まで歩き、そこから東大農学部前まで、ズラッと並んだ古本屋をのぞきまわる。こうして、読みたい何冊かの文庫本を見つけるのが、非常に楽しかったのです。

岩波文庫、新潮文庫が主で、改造文庫はマルクス主義のものは発禁で、すでに店頭になくなっていましたが、アナーキズムの系統は残っていました。岩波文庫の『ソクラテスの弁明』は早い時期に読み、戦時中でしたので、「国法」優先の姿勢に感銘を受けました。しかし、「親友クリトンの脱獄と亡命の勧めを受け入れてもよかったのではないか」という疑問も微かに残り、少し割り切れない気持でした。戦後、アテネに行き、アクロポリス一帯を地元の大学生が案内してくれましたが、「あそこがソクラテスが歩いた道です」と言われ、一瞬、時間を超えて空間を共有した彼の現存感をもったことがあります。しかし、ソクラテスのような「ポレミカル」な思考なら、亡命を選んでもよかったのではないかという気持は、今でもあります。

欧米文学は、戦争の影響で、英米のものの再版が減り、入手が難しくなりがちでしたが、フランス文学は（ヴィシー政権のおかげか）まだ相当に自由でした。文学全集で『レ・ミゼラブル』を読み、随分社会批評の議論が多いのは意外でしたし、バルザックの町の風景の詳しい描写にも少し不可解な印象を持ちました。ロシア文学では、大物に圧倒されましたが、しかしトルストイにはやや説教くさいところがあり、ドストエフスキーには深刻で理解を超えた畏怖を覚え、ゴーゴリが一番人間的で好きでした。

伏字の時代で、とくに改造文庫には検閲に引っかかって××になっている箇所が随分ありました。マクス・シュティルナーの『唯一者とその所有』は××が多かったけれども、一応は読めました。ジャック・ロンドンも似た傾向でした。他方、なぜか『論語』をかなり熱心に読みましたが、一種の安心感を与えたからかもしれません。賀川豊彦にはアジテーターの側面があり、その文章には人を惹き付けるところがありました。

この図書箱に私が入れたものに、天野貞祐『道理の感覚』がありました。第一高等学校に進んだ時、寮に持って行ったのですが、発禁本になっていたので「危ないぞ」と先輩に警告されて、布団の下に隠した記憶があります。中学の頃は、まだそこまでは悪化していませんでした。

親友・大野正男のこと

大野正男とは生涯の親友でした。彼は、父が大蔵次官、母方の祖父が原嘉道・元枢密院議長という家柄で、軍国少年ではなかったけれど、熱烈な愛国少年でした。

四三年、中学三年生の秋、会津若松を通って新潟に出て帰京する修学旅行があり、それぞれの地のことを五人ほどの班ごとに調べ、現地で報告をするのです。大野は会津を引き受けました。飯盛山の白虎隊の墓に到着したのは夕方で、秋の陽がつるべ落としで暗くなっていくなかで、大野が若くして主君に殉じた白虎隊のことを、切々と述べて報告し、みんなが粛然として耳を傾けたのでした。他面、彼はその家柄から、われわれの知らない情報を得ており、かなり早くから「日本は負ける」と言っていました。

当時から、彼は明晰な言葉を駆使する才能を示していたので、彼が、誰もが一目を置く弁護士になったのは、天職を得たと言っていいでしょう。東大卒業後、当初、日本で自由人権協会の設立に貢献した海野晋吉弁護士の下ではたらき、ついで、虎ノ門に独立の事務所を開き、終生、人権と言論の自由を擁護しました。私が、彼の仕事にかかわったのは、一九七二年、沖縄返還交渉で日本政府が行った費用負担の密約を暴露した、毎日新聞の「西山太吉記者事件」の裁判の時でした。大野の依頼で証人となり、民主主義と外交上の機密保持との関連について、民主主義は政府がすべての情報を公開するのが原則であり、例外的に情報公開しない場合には、公開しない理由を、いつでも公開できる準備をしておくべきであることを、米国での「ペンタゴン報告」の漏洩などにふれて、研究者として証言を行いました。裁判官は、学生が知識を吸収するかのようにいろいろ問いただし、ヴェトナム戦争についての文献も尋ねるので、『ベスト＆ブライテスト』を推薦したりしましたが、検事は一言も反対尋問をせず、一審は無罪でした。しかし、結局上級審で敗訴に終わったのは残念でした。

同級生に民法の大家である我妻栄先生の長男・洋がいて、家が近くだったので、よく遊びに行き、彼が先生の書斎から夏目漱石全集などを持ち出して貸してくれました。ほとんどいつも一緒に通学し、電車の中で本を読んでは批評し合いました。

第3章　戦争と一高時代

一高のキャンパスにて弁論部の仲間たちと．後ろの左から2人目が著者(1945年)

寮生活での学習体験

戦争末期の一高へ

一九四四年四月、第一高等学校文四に入学。卒業したのは四八年三月ですから、戦争中の一高の最後の時期と、戦後の最初の時期に在学・在寮したことになります。

もちろん私は、それ以前の一高のことは知りませんが、戦争末期の一高には、ある暗さが漂っていたにせよ、旧制一高の特性を守ろうとする意識が、この苦しい時代に対決することのなかで凝集されていたように思います。他方、戦後初期の一高は、その特色が次々に失われていく時代に入っていました。

入学式では安倍能成校長が、「君たちは長くは勉強できないだろう」と言われました。長くは生きられないだろうとまでの含みではなかったにせよ、勤労動員や学徒動員で、授業は長く続けられないだろうという趣旨でした。そのため、「長くは勉強できない」ことを前提にしたカリキュラムがつくられ、それまでに学んでいないドイツ語とフランス語の授業時間を二倍にした時間割が組まれました。文四は英仏でしたが、英語よりフランス語の授業時間がはるかに多く、アンドレ・ジッドの翻訳をされた川口篤先生が、淡々とした口調で、冷酷なまでの速さで文法を教えました。敗色濃厚の時期であり、徴兵猶予がある理科系学生さえ、工場に動員されることが多くなってきた状態でしたから、ドイツ語やフランス語を集中的に勉強させておく、という安倍校長の方針は卓見でした。

一高は生徒全員が寮に入る全寮制でした。鉄筋の建物も古くなって今は取り壊されましたが、南から三階建ての南寮、中寮、北寮、明寮が平行して立ち、内部は中央の廊下を隔てて学習室と寝室が組になって、各階一〇組(明寮は五組)の部屋についた番号が寮の住所です。一部屋一〇人前後で、部屋によって部がいろいろあり、部に入る気のない人は「一般部屋」でした。私が入ったのは北寮一五番の弁論部の部屋で、高等師範附属中の一年上の星野英一さん(のちに東大教授、民法)が、自宅までこられて勧められたので入部しました。

著者の入った北寮

嚶鳴堂での入寮式

入寮式、そしてストーム

まず入寮式が、嚶鳴堂《おうめいどう》という寮の講堂で行われました。嚶鳴堂は、鶴見祐輔が自伝的青春小説『母』の中で、剣道の道場であり、寮生にとって厳粛な集会の場所だと書いていましたので、私は中学の時から知っていました。入寮式は八時間ほど続きました。その間、絶対に立ってはならぬ、というルールがあり、前日から水を飲むなと言われました。まず寮委員長が、四〜五時間、プラトンから始まって、よく分からないことを厳かにしゃべる。次に風紀点検委員(略称ふうてん)という、寮の自治検察・警察役が、寮生活の心構えを数時間教え込みます。最後は、他の担当委員が、食事のことなどを簡単に話す。朝九時から、夕方五時過ぎまで、硬い木の長椅子に座って拝聴するのです。

入寮式がやっと終わって、食事をして寝ていると、ストームが始まる。寮の上級生が、寮歌を大声で歌いながら他の部屋の寝室に入ってきて、「起きろ!」とみんなを叩き起こす。弁論部の場合は、それに代えて、学習室に呼び出され、「説教ストーム」にさらされる。新入生は椅子に座らせられる一方、先輩たちは一段高みにある出窓に腰かけて、上から見下ろす態勢になる。電気は消えており、月の光を背にして、先輩の黒い顔や黒光りする眼鏡がこちらを向いている。

「お前はなぜここに来たのか」「今考えていることは何だ」などと訊かれ、一言返事をすると、間髪をいれず「それはどういう意味だ」と問い返される。返答すると、また「それはどういう意味だ」と反問され、新入生は、だんだん分からなくなってしまう。単純化すると、説教ストームは、これまで持っていた考え方を、徹底的にぶち壊すのが目的なのです。時代が時代でしたから、「国家のために」と言おうものなら、「国家とは何だ」と訊かれる。ついには「お前は何のために生きるのだ」と問いただされ、とにかく怖いのです。一言返答すれば、必ずやられる。そこで黙っていると「どうなんだ！」と責められる。何しろ新入生で入寮したてなので、立場が弱く、言われるままに「説教」され、それが二晩、三晩続くのです。

その頃の弁論部の上級生自身が「怖い先輩」と言っていた伝説的存在は、すでに卒業して応召されていた福田歓一という人で、戦後になって初めて会い、その後長い間、学問や生き方についてて、親身に世話をしていただくことになりました。私が受けた説教ストームで一番怖く、冷酷に響く語調で「メフィストフェレス」的な印象を与えたのは、塚本相次良さん(のちに九州の鹿児島銀行頭取)です。

同じ階にボート部があり、猛者《もさ》揃いで、私たちの寝室も随分やられました。弁論部では、先輩が後輩に説教ストームをするだけですが、ボート部では新寮生も「練習」のためか、一緒にやって来る。同期でストームをかけてきたのは、児島襄、林義郎などで、林は後に衆議院議員になり、後述の日中民間人会議では一緒でした。弁論部の津島雄二(当時の姓は上野、衆議院議員)、日野啓三(ヴェトナム戦争報道で知られた読売新聞記者、のちに作家)、後藤昌次郎(弁護士)などは、いずれも一年後輩ですが、その後、私が健康を害して留年したので、卒業は同期です。

懸命に読む

こうした入寮時のショックから、勉強のやり直しの必要を痛感し、まず当時必読だった倉田百三『出家とその弟子』、阿部次郎『三太郎の日記』など、青年の自己探求の苦悩を語るものから始めました。弁論部では哲学、とくにドイツ観念論が重視されていました。一生懸命に、しかもたくさんの哲学書を読まなければならないので、全部原書で読むことなどできるわけがない。たとえばカントの『純粋理性批判』は岩波文庫で読んだのですが、これがひどい悪文でした。ずっと後になって聞いたことで、真偽のほどは分かりませんが、カントの原文自体が、ドイツ語として悪文であり、カントの影響でドイツ語が悪くなったという意見もドイツにあるとのことです。天野貞祐訳は、こうした文章の忠実な翻訳だから、実に分かりにくい。一つの文章を三回くらい読んで分かったように思い、次に進むという具合でした。フィヒテの『独逸国民に告ぐ』という講演の岩波文庫の翻訳も、最近読み直してみて、あらためて難解だと痛感しました。

しかし、とにかく懸命に読みました。先輩は先に読んでいるので、議論する言葉が違う。その議論を同室で聞いていても、新入生には意味が分からないので、追いつくために頑張って読む。そうしなければ「真理」を探究できないと信じていました。

寮は学問の場

私にとって、教育と学習の場としての一高がもった最大の特徴は、教室での先生よりも、寮の先輩や同輩が、最良の教師だったことです。弁論部では、すでに寮を去った先輩がのこしたとされる、哲学的・思想的な伝統と伝説が、上級生を通して新入生に伝えられた。これは、いわば上から下へのタテの教育です。これに加えて大事なのは、同輩の間の、人間的・思想的なヨコの相互学習・相互討論でした。

要するに、優れた学識の先生がおられたにしても、学校の影響は二次的でした。したがって、授業をサボって寮で読書をしても、全く良心の呵責を感じないどころか、教室は「知識」を与える場所であって、寮こそ「思想」を探求する、本来の学問の場なのだという自負心をもっていました。寮生が、自分たちでする「教育」に絶大な自信をもっていたこと、そして寮の「自治」というのが、単に制度的なものでなく、知的・精神的な自立に根ざしていたことは、今から考えても、すばらしい伝統文化でした。あの「寮文化」のなかで生活する経験をもったことは、幸運でした。

もちろん、この寮文化にも問題がないわけではありません。「一高に入ったからには」と難解な本を背伸びして読む心の底には、しばしば虚栄心や上昇志向がありました。しかし動機が虚栄心であっても、それが学習の原動力になるならば、必ずしも悪いことではない。たとえば、一高で学んだことの一つは「原書主義」、つまり翻訳ではなく原書で読むことを重視するのですが、これにも知的虚栄心がまったくなかったと言えば、嘘になるかもしれません。はじめて学んだドイツ語やフランス語の原書に挑戦する者が結構いましたし、私もデカルトだのニーチェなどをかじったのですが、それは知的好奇心をみたすだけでなく、虚栄心で背伸びをする面もあったと思います。

しかし、動機が何であれ、原書を読む習慣を身につけてしまえば、読書によって原著者と緊張感のある直接の対話ができるし、また翻訳より分かりやすかったり、翻訳では気づかないような問題を発見したりすることも、少なくありませんでした。

寮生はこうした独自の自信をもっていたので、授業をサボったり、友達に出席の返事をしてもらう「代返」を頼んだりして、寮で読書をするのを意に介しない空気でした。ただし、語学はそうではなかった。

原口統三のこと

私の入った文四は、事実上フランス語が第一外国語でしたが、私の二つ隣の席に原口統三がいました。彼の『二十歳のエチュード』は、今でも読まれているようです。

彼はフランス語が非常によくできて、私たちが初級文法で四苦八苦している間に、はるか先に進み、ある時教室で彼の好きなランボーの詩を口ずさんで、川口先生も驚いていました。

原口は四六年の秋に入水自殺をしました。人の自殺の理由や意味は、ほとんどの場合、よく分からないものですが、同期で原口と親しかった、橋本一明や中村稔など、彼を知る人の共通の解釈によれば、原口は純粋さを求めていた。原口自身『二十歳のエチュード』で、「僕の誠実さが僕を磔刑にした」と書いています。自殺を公言していたそうで、パッと顔を合わせた時、「ここは自分の居場所ではない」という感じの目をしており、付き合いにくい男だなと思っていました。それは、私たちがその当時追求していたものを、最も純粋な形で表現していたのかもしれません。「ここに居ることの居心地の悪さ」を突き詰めていたのが彼だったように感じますが、それ以上は分かりません。

ただし原口には別の面があったようです。『向陵』という同窓会雑誌の「一高百二十五年記念」号に小柴昌俊が書いているところによると、あの食べ物のない時代に、原口と二人で、さつま芋を盗みに行った時、原口は芋掘りが実に上手で、それが印象に残ったということです。詩人のイメージを帯びて純粋さを追い求めた原口と、芋掘りの手際がよくて小柴を驚かせた原口とが、どう結びつくのか分かりません。「生きていかなければならない」という何かと、「ここは自分の居る場所ではない」という何かとは、つながるのかもしれませんが、それは想像です。

中国人留学生とのきずな

弁論部の同期生には、李徳純という遼寧省から来た中国人の留学生がいました。明るい青年で、私が中国にいたこともあってか、とくに親しくしていました。ところが、ある時、二晩ほど寮に帰ってこないことがありました。やがて帰寮した時には、非常に硬い表情をして無言でした。一両日して、彼はポツリと「特高は怖いね」と言い、どうも、殴られたり、柔道で投げつけられたりしたようなことをつぶやきました。彼は特高警察に監視されており、拷問を受けたのでした。事実、それから数十年経って彼が教えてくれたところによると、当時の一高には、共産主義系の中国人留学生の秘密グループがあったとのことです。彼は、それに直接関係していなかったのですが、間もなく彼は「故郷《くに》に帰りたい。しかし表立って帰国の届出をすると、厄介なことになるので、何かいい方法で手伝ってくれないか」と頼むのです。そこで、母の知人に手を回してもらい、出国しました。

彼は、半年しかいなかったのですが、一高での青春の思い出が忘れられず、十数年経って、連絡をくれるようになりました。帰国後、中国の革命運動に参加し、ついで外交部に勤務しており、一九五六年に郭沫若の随行員として来日して、私を訪ねて東大まで来てくれました。あいにく私は在米留学中で会えなかったので、「坂本に戦争中に助けてもらったから会いに来た」と言い残していったと後で聞きました。彼はその後、中国社会科学院外国文学部に移り、井上靖、司馬遼太郎、有吉佐和子などの作品を翻訳・紹介し、これらの作家を中国に招聘したりして、新中国での日本文学研究の先達となり、二〇一〇年には『戦後日本文学史論』(中国語)を公刊しました。後述のように、私との交流は今日まで続いています。私と中国とのきずなの

友人の中国人留学生，李徳純

一つです。

弁論部は哲学志向が強かったのですが、寮生には文学の才能を持った者も少なくありませんでした。中村稔、清岡卓行などの現役のほか、加藤周一、中村真一郎、福永武彦といった「マチネ・ポエティーク」組の年長者も寄稿して、四六年から『世代』という雑誌を出しており、世代で時代を表していた作品を、私もしばしば読んでいました。この一高生の文学活動については、同期の網代毅の『旧制一高と雑誌「世代」の青春』に詳しい記述があります。

また私は、将校の軍服を着て、戦地に発つ前に寮に別れに来た先輩からもらった、ヴィリエ・ドゥ・リラダンの『残酷物語』に心を惹かれて、何度も読みました。

当時、必読文献とされた西田幾多郎の『善の研究』は、読みにくい本でしたが、私に一つピンと来たのは「純粋経験」という観念でした。それは認識の基礎にある、主客未分の直接経験で、ドイツ観念論から学んだ厳密な思考と概念のさらに根底に、自分がここにいて生の経験をしていることと私は読んで、この観念をわりに自然に受け止められた覚えがあります。

カントに強い刺激を受ける

その意味で、いろいろな認識論には、自分の存在との距離を感じていましたが、しかし、カントからは強い刺激を受けました。つまり、「認識することを批判的に認識する」思考過程を、壮大な体系として築き上げていく理性の営みに感銘を受けたのです。「考えることを考える」その思考の積み重ねは、壮大なゴシック建築のようだと書いたこともあります。

エリートたちの文化

ところで、寮文化には、虚栄心や純粋さの追求と無関係ではない、独特の儀式・儀礼がありました。前述した入寮式が一例ですが、寮歌の歌い方にも、楽譜とは別な一定の重々しい様式があって、それに合わせなければならない。朴歯にマントに古びた白線帽という「弊衣破帽」は、明らかにエリートの「制服」でした。もっとも、このエリート意識には愛すべき「やせ我慢」の要素もありました。安倍校長が「君子は小径せず」と言われたので、私も、駒場駅から正門に行くのに、直角三角形の斜辺を歩かずに遠回りをし、夜、渋谷から歩いて帰った時、寮のすぐ側の閉じた裏門を簡単に乗り越えることができても通り過ぎ、一旦正門まで歩いてから、寮まで戻ったものです。

もちろん、力量のあるエリートが、エリートとしての自覚と責任意識をもつならば、あえて目くじらを立てるまでもありません。現に、それまでにも一高は、高位高官の体制エリートとともに、反体制の政治運動指導者や文人といった対抗エリートを輩出していました。しかし戦争末期の一高生、とくに文科の学生には、このどちらの道も閉ざされていたのです。

募る非力感

戦場に赴かなければならない日が迫っており、「自分は、何のために入隊し、戦場に行くのか」という問いは、誰の心にも鋭い棘のように刺さっていました。同じ教室で机を並べていた友人が、ひとり、ふたりと、召集で姿を消していった。それを、寮歌を歌って送る時、いずれは自分の番が来るという、死刑執行を待つ囚人のような思いを消すことができませんでした。それは、互いに友人にも語ることのできない、つらさです。

閉塞と認識の空白

一高生にとって、それが格別につらかったのは、当時の日本としては稀なほど強い反軍意識が、寮にはみなぎっていたからです。もちろん、その頃には、戦争や軍国主義を社会科学的に批判する言葉は、寮でも聞かれませんでした。マルクス主義だけでなく、広く社会科学的な視点と知識をもって、戦争や天皇制を分析するような言説は、寮にもなくなっていたのです。社会科学ではなく、理念的な哲学の言葉しか、もう許されない時代でした。

ある日、特高警察が「ニセ一(高生)」に変装して、寮の中から発禁本を押収していったことがありました。その時、「クロポトキンの本が見つかったそうだ」と上級生から聞きましたが、私は「日露戦争の時のクロポトキン将軍」のことだと思い、何故それが押収されたのか理解できなかった。これは、私が社会科学について、いかに無知であったかを示す一例です。

また、勤労動員で渋谷から近い大橋の三菱電機で働いていた時、職工の一人が「マル・エン全集は要りませんか」と小声で話しかけてきたのですが、なにか秘密の本らしいという感じ以上に、私にはそれが「マルクス・エンゲルス全集」だとは分かりませんでした。

しかし、哲学や文学、それもドイツのものなら安心して読めるといった制約があったにせよ、たとえばカントやゲーテを語り合う時の前提は、それなりに自由な思考であり、人間主義的な言葉でした。それは、明らかに軍国主義とは両立しない。したがって、寮では軍人を指す「ゾル」(ドイツ語の「軍人」を侮蔑して短縮した表現)という言葉が吐き出すような口調で使われたが、そこには、そとの社会での軍人や軍国主義の跋扈への、反感と嫌悪がこめられていました。文化的エリートとしての一高生の、軍人に対する蔑視も含まれていたと言っていいでしょう。

「ゾル」になる運命

だが、いかに誇り高い文化的エリートであっても、やがて自分自身が「ゾル」にならなければならない運命から逃れられないことも意識されていました。それは、屈折した閉塞状況におかれた、誇り高いが弱さをもった文化的エリートにとって、つらい時代でした。とくに印象に残っているのは、あの入寮式で、新入生が畏敬の目をもって聴き入った長時間の演説をした寮委員長だった人が召集され、時計台の前に立ち、軍を批判するような言葉は一言も言わず、みんなの寮歌に送られて、黙々と門を出て行った姿でした。

私も、何のために兵隊になり、戦場に行くのか、という問いに直面して、自分に納得のいく答えを模索していました。しかし、どう考えても、日本の天皇神格化や戦争政策に答えを見出すことはできない。その頃、第一次大戦後に刊行された『ドイツ戦没学生の手紙』を読み、ゲーテのような一国を超えたヒューマニストの言葉がしばしば引用され、ベートーヴェンなどをもつドイツ文化を心の支えとしている言葉に、強い衝撃を受けました。そして最後に私がたどりついたのは、日本の「文化」を護ることを拠り所にするしかないという思いつめでした。

古寺を一人歩く

四四年の初秋、和辻哲郎『古寺巡礼』などを携えて、京都や奈良の寺社、とくに仏像を訪ねて一人で歩きました。京都太秦の広隆寺の弥勒菩薩、奈良法隆寺の百済観音、薬師寺の薬師如来、月光、日光、中宮寺の観音などの仏像は、私の心に応じて表情が変わりながらも、慰めの微笑と深い沈潜の厳しさとで包み込んでくれる。戦中でもあり、観光客などおらず、誰にも乱されずに、ひとり時間を忘れて仏像を見つめることができました。そこに、護るべき「日本文化」を見たように思ったのでした。より正確に言えば、私にとって、護るべき「日本文化」がなければならなかったのです。

戦後、和辻の本を読み返して、彼が朝鮮、中国、インド、ペルシア、さらにはヘレニズムなどの影響にも目配りしていることに気づきました。しかし、戦時中には、彼がそうした古寺や仏像に、外国からの伝来文化を昇華した結晶として「日本文化」を見ていることだけを読み込んでいたのでした。当時の厳しい心理的切迫感のもとでは、それが「日本固有の文化」だと思わなければならなかったのです。時代がひとの目を狂わせ、時代が読み方を拘束するのです。それは、今から考えれば、徴兵と戦争という現実に直面した、非力な一人の文化エリートの、自己暗示的な正当化のもがきだったと認めざるをえません。それは決して私ひとりだけの弱さではなかったでしょう。

さらに、戦後になって気づいたことは、政治、とくに戦争を、美や文化で正当化することの虚構性です。戦争の美学、権力の美学は、ひとを自己陶酔させる麻薬に他ならない。ナチは音楽や映画、整然たる集団行動などの美学をフルに利用しました。ナチの党歌で、力強く若者を魅惑する行進曲「高々と旗を掲げよ(Die Fahne hoch!)」にくらべれば、日本の「紀元二千六百年記念」の「愛国行進曲」は小学唱歌のようなものでした。ゲッベルスは権力の美学によって国民を酔わせる力を計算しつくしていたのですが、それは非力な知性を圧倒する魔力を持っていました。じらい私は「権力の美学」を信じないことにしています。戦時中の歌で、今でも私の心をゆさぶるのは、「海ゆかば、みづくかばね、山ゆかば、草むすかばね……」ですが、これは美学を超えた鎮魂の思いです。

嚶鳴堂の焼失

一高についての非力感を深めたもう一つの出来事は、四五年五月二五日の空襲でした。この夜、校舎の外壁に、やもりのようにへばりついていた私の目の前に、焼夷弾が雨のように降り、芝生や待避壕の上の盛り土に次々と刺さって、ゼラチン状の発火物が一面に飛び散った。のちのナパーム弾と同類のもので、付着して焼きつくしていくのです。ふと横を見ると、嚶鳴堂の屋根に焼夷弾がいくつも突き刺さっていくのに気づきました。そこで、隣にいた同室の今橋宏と中に飛び込んだのですが、すでに天井裏が赤く燃え始めている。せめて正面の「嚶鳴堂」という揮毫の額だけでも持ち出そうと思い、二人で懸命に壁の留め金から外そうとしたのですが、天井の火まわりが早く、ついに額に火が移り、火の粉が頭上に降ってくるようになりました。やむをえず、入り口まで退去して、額が焼け落ちるのを見ているしかなかった。一高の代名詞のような嚶鳴堂が、見る見るうちに燃え落ちていくのを目撃した時、私は、時代のなかでの一高の非力を目に見る思いでした。

確かその翌日だったと思いますが、安倍校長の家がやはり全焼したというので、後片付けの手伝いに行きました。その時、先生が積み重ねておられたレクラム文庫が、そのままの形で灰になっていた。それをちょっと触ると、粉になって崩れていくのを見た時にも、文化の瓦解を痛感したのでした。

勤労動員と終戦放送

四四年末からの勤労動員の先の工場では、「新兵器の部品」を造っているのだと聞かされましたが、何のことはない「風船爆弾」の一部らしく、三本の電線をつなぎ、ゴム・テープをぐるぐる巻きつけて、熱で圧縮して三叉電線を作る作業でした。食事が工場で出るのですが、米の握り飯に大豆が入っているのではなく、大豆の間に米が僅かに混じっているものばかりだった。寮でも豆かすなど雑穀入りの食事が続いたため、私はひどい慢性的下痢が続き、ついに栄養失調のため階段も昇れないほどに弱ってしまいました。そこで四五年六月中頃から石神井の自宅に帰って寝ており、八月一五日の終戦放送は、帰国していた父と自宅で聞きました。

しかし、それまでは、秋には徴兵年齢に達し、「本土決戦」に動員される一人として、恐らくは相模湾に上陸してくるだろう米軍戦車に向かって、竹棒の先につけた爆薬をもって突っ込む時が来ると覚悟していました。それが何の役に立つのか。強いて言えば「親を守るため」ですが、それは自分を少しでも慰めるための理屈であって、要するに思考停止です。ですから、一九八〇年からのイラン・イラク戦争で、イランの若い兵士が自爆攻撃をしていると聞いたとき、また、無辜の市民の殺傷の是非は論外として、さまざまな「テロリスト」が自爆を武器としている報道に接するとき、私は、自分自身がかつて「自爆」を覚悟していただけに、痛々しい思いと同時に、なにか「ひとごと」でない気持になるのです。

飢えという経験

天皇の終戦放送を聞いた私は、これで空襲や灯火管制がなくなるという安堵感と、これから何を目標に生きていけばいいのか分からないという虚脱感とで、複雑な気持でした。そして、ひどく体が衰弱していたので、とにかく留年することに決めました。しかし、体力を回復するための食糧が手に入らない。しかも母は、闇をしないという信念をもっているのです。そこで、家の庭や隣にある空き地などを耕して、少しでも食糧を補う以外にない。

この時、私はさつま芋、じゃがいも、里芋、かぼちゃ、トマト・なす・きゅうりなどの野菜づくりを覚えただけでなく、母に教わって、はこべ、なずな、やまごぼうなどの、食べられる「雑草」を見分けられるようになりました。その時に気づいたのは、「雑草」という草はないのであって、それぞれに名前があり、綺麗な小さい花を咲かしているものもある。それを一括して「雑草」と呼ぶのは、通常の食用「野菜」を基準にした人間の傲慢さの表れではないかということです。それは、一人ひとり名前がある者を「雑兵」と呼ぶ、武士の傲慢さに通じるのではないか。母は明治生まれの人間で、飢饉の時にどの草が食べられるかを教わっており、そのおかげで、私も「雑草」を食糧にできたのでした。言い換えると、現在の平時の基準で商品化できない草を「雑草」扱いするのは、今日のエコロジーの言葉で言えば、自然に対する「人間中心主義」的傲慢さだというのが、私の実感なのです。

また、すでに戦中に逼迫していた食糧が、戦後は配給制度が機能しなくなったこともあり、ますます多くの人が、飢えを体験しました。食べるために生きるのか、生きるために食べるのかが分からなくなる。飢えが人間を、いかに自分自身に対して惨めにするかという、その頃の経験は、私にとって、のちに途上国で見た人々の飢餓を、身につまされて感じる源になりました。

私が一年遅れで仲間入りすることになった、四五年入学の有志が、のちに『春尚浅き――敗戦から甦る一高』という寄稿集を出しました。いかに空腹に悩まされたかを異口同音に記しているのを一読して、当時の寮生活をあらためて思い出しました。

第4章　戦後の一高時代

朝日討論会優勝旗授与式．左が著者．エンゲルス『空想より科学へ』が賞品だった(1947年1月)

一高への復帰

私は、一九四六年春には寮に復帰したのですが、寮生活は明らかに変化していました。食糧確保の責任を負う食事部委員の献身的な努力にもかかわらず、一人当たり少量の芋やすいとん以上の食糧を調達するのは至難でした。食糧入手のために奔走して過労に陥り、ついに死亡した食事部委員の写真が、食堂の一角の壁に掛けられていました。断水や停電に見舞われた寮では、水洗便所は、ちり紙代用の新聞紙がつまって使用不能になり、悪臭を放っていました。そうした生存条件のもとで、それまでの寮生活の基礎にあった共同体を維持することは、容易ではなかった。それを痛感させたのは、四六年入寮のひとたちから、次第に目立つようになった行動様式です。

崩壊する共同体

戦争末期の寮でも、食糧は時とともに乏しくなりましたが、誰かが帰省して、芋だの米だのを持ってくると、同室のみんなで分け合って食べるのが、当然のことでした。自分がいかに空腹でも、自分が持つ食糧を分け合って食べるというのが「共同体」の基礎だと言っていいでしょう。ところが、戦後入寮のひとの中には、自宅から持ってきた食糧を、自分一人で食べたり、米を自分だけで炊いて食べたりする行動が始まり、それも別に悪びれずにするのです。同室にいて、そうした情景を目の当たりにして、私は強い衝撃を受けました。また、暖房が全くないコンクリートの建物ですから、椅子に代えて、ベッドを寝室から自習室に持ち込み、布団にくるまりながら読書をするのですが、そのうちに、ベッドの周囲にシーツをカーテン状につるし、共同の部屋をコンパートメントに分断することが始まり、次第にそれが当たり前のこととなりました。当時の言葉で言えば、「寮のアパート化」が進行し、部屋は、かつてのような共同の生活空間ではなくなったのです。

これは、寮のきわめて劣悪な生活環境から生まれた、個人の生存のための行動様式でした。それは、広く闇市経済の下で生存競争を行っていた、当時の日本人全体の行動様式の寮生活への反映でもあったのです。はっきりしていることは、寮生活の基礎にあった共同体が崩壊し始めたという事実であり、それは、外の社会で敗戦後に共同体が崩壊していったのと並行していました。これを「焼け跡民主主義」的な個人の自立化の始まりととらえることも可能でしょうが、同時に、それは「私利追求の正当化」、そして後に「マイホーム主義」と呼ばれる生き方の始まりでもありました。そうした変化が、一高では、かつてエリート青年の人格を結びつけていた、知的共同体の矜持と「やせ我慢」との終焉として現れたのでした。

このような社会全体の変動状況のもとで、高等学校をどうするかという、学制改革の論議が起こってきたのは、偶然ではないでしょう。一高自身も、アイデンティティの危機に陥っていたのです。

旧制高校廃止に

戦後日本の教育改革が必要であったことは、言うまでもないのですが、それが直ちに旧制高校廃止という結論に結びつくのか、私には今でも疑問があります。それは、旧制高校が教育の機会均等に反する制度だったこと、そこにしばしば悪しきエリート主義や権威主義があったことを否認するという意味ではありません。私が旧制高校の最も重要な長所と考えたのは、寮生の「自治」の気概と制度であり、前述したように、それは、学校よりも寮での自主的・自立的な相互教育を通して自己を形成する精神なのです。処分制度でも、たとえばまず寮生側が「退寮」と決めれば、学校側は、それに応じて「退学」と決めるのでした。

四七年、たまたま各部屋の代表からなる「議会」とも言うべき「総代会」の議長を務めていた私は、寮生の意思を代表して天野貞祐校長に面談し、高校廃止に反対という申し入れをしました。当時、占領軍の教育改革の基本方針は「よき市民(good citizens)を育てる」ことに力点があり、その観点から、エリート主義的な狭き門である旧制高校に否定的だったと言われていました。しかし、天野校長は元来カント哲学的な人格主義の発想が強く、ドイツのギムナジウムの良い点も知っていたはずですから、この面談の時、校長の口から「よき市民」育成という言葉を聞いた記憶はありませんでした。やや曖昧な表現で「占領軍の方針」を無視できないことに言及され、不本意らしさを匂わせられたのは覚えています。事実、のちに公開された教育刷新委員会の記録によれば、旧制高校維持を主張したのは、天野校長一人だったとのことです。ただ天野校長は、のちに文部大臣として、教育勅語ばりの「国民実践要領」を提唱して物議をかもした人ですから、アメリカ的な「よき市民」主義とは異質であるだけでなく、私たちのような寮生の「自治」の重視とも異なる発想だったと思われます。

他方、一高の中で、高校廃止・学制改革を熱心に推進されたのは、校長補佐役の前田陽一先生でした。先生には、総代会への出席を要請して、高校廃止についての説明を求めた。今日の国会の参考人招致のようなものです。そのおかげで、のちに東大の全学的な会議で先生と同席すると、会議開会前の雑談の折に「ぼくは総代会に呼び出されて、坂本君が「番外」(寮の部屋代表以外の意)と言うと、発言が許されたのだ」と大きな声で楽しそうに話されて、私を困らせたのですが、先生は、この喚問を結構楽しまれたようでした。前田先生は、私との個人的会話の中で、「君たちは、日本のエコール・ノルマールにならなければいけないよ」と言われたことがあり、フランス式のエリート教育を学制改革の枠内で行うことを考え、その夢を新制教養学部の教養学科に託されていました。だとすると、これもアメリカ式の「よき市民」とは思想が違うので、そのことが、高校廃止についての先生方の議論が明確な説得力をもたない印象を私に与えた、一つの理由ではなかったかと思います。

「貴族の時代が終わり…」

もちろん一高あるいは旧制高校の体質にしみ込んだ権威主義は、当然、改められるべきでした。しかし、高校の廃止とともに、日本の教育から貴重なものが失われたことも否めないでしょう。高校の廃止が決まる方向に事態が流れていった当時、私はノートに「貴族の時代が終わり、商人の時代が来る」と書いたのを覚えています。もちろん「貴族」にも、いろいろ問題がありましたが、私の念頭にあったのは「やせ我慢」を知る「精神的貴族」でした。その後、日本人が国際的に「エコノミック・アニマル」と呼ばれるようになったことを考えると、私の予想は、必ずしも見当違いではなかったかもしれません。

方向喪失の戦後

パスカルに惹かれる

話が前後しますが、四六年四月から、一高の授業に戻りました。授業で、とくに印象に残ったのは、森有正、前田陽一両先生のフランス語の時間でした。森先生は、よれよれの国民服と軍靴のようなドタ靴を履いて授業に現れ、授業では、デカルトの『方法序説』を講読しました。一度、東大農学部前のYMCAに、森先生を訪ねたことがありますが、先生は留守で、部屋の床にジャガイモが転がっている。自炊して食べておられたのだと思います。前田先生の授業は、パスカルの『パンセ』の購読でした。前田先生は、育ちのいい明るい方でしたから、私は、前田先生がデカルトを、そして心の苦悩が表情から読み取れる森先生がパスカルを使った授業の方がよかったように思いましたが、逆の担当でした。どちらも「懐疑」が底流にある古典でしたが、私は、とくにパスカルに惹かれました。

戦後の居心地の悪さ

戦中から戦後にかけて、一高生はみんな心の傷を負っていました。今ある現実に距離感を懐《いだ》いていたし、とくに終戦で、知識人をふくめ指導者たちの言うことが急変するのを見て、既存の思想や価値への不信が深まると同時に、何が真実なのか分からない精神状況でした。戦争中は、反軍意識を持ちながら兵隊に行くことを覚悟しているという居心地の悪さであり、戦後は、価値転倒状況の中での居心地の悪さでした。

そこには、不確かな持続よりも、瞬間あるいは「今」に賭けるという気分が底流にありました。映画「舞踏会の手帖」「会議は踊る」などに惹かれたり、「白鳥の死」のなかの「バレーは一瞬にして崩れ去る彫刻である」という台詞に打たれたりするとともに、ワイダの「地下水道」やデ・シーカの「自転車泥棒」などに、自分を投影したりしたものです。

そうした居心地の悪さにどう対応したかは、もちろん人によって違っていました。親友の大野正男は、中学四年の時に生徒がつくった文集に、「日本の歴史の中には、前野良沢や杉田玄白のような科学の先人がいたのだから、そうした科学の伝統を学ぶべきだと」と、すでに書いていただけあって、戦後、社会科学への切り替えが早かった。マクス・ウェーバーの『プロテスタンティズムの倫理と資本主義の精神』などを、松下康雄(のちの大蔵次官、日銀総裁)の影響もあったらしく、早速読み始めていました。また大学時代には、マルクス研究者が集まった『資本論』の原書講読の会に誘ってくれたりしました。しかし、私は戦後しばらくサルトルとかハイデガー、ヘーゲルの『論理学』などを一生懸命にかじって、もやもやとした模索の時間を過ごしていました。不確かな現実と確かな知識の探求とのギャップは、戦後にも持ち越され、袋小路に陥っていたのです。

信仰に対する疑問

こうした居心地の悪さは、私の信仰の在り方とも絡んでいました。私の両親は熱心なクリスチャンで、私も、自分では訳が分からないままで、子どもの時、洗礼を受けさせられました。しかし、戦争中のクリスチャンの行動には、どうしても納得がいかなかった。クリスチャンにおける「二つのJ（Jesus と Japan）」は、かつて内村鑑三においては矛盾なく両立するとされましたが、戦時中には、教会は日本基督教団という形で統合され、天皇制の下でのキリスト教になったのでした。他方、私の心に小さい時から植えつけられていた神のイメージは、超越的な観念で、軍服を着て白馬に乗った（昭和）天皇を神だと信じることは、そもそも出来ないことでした。学校で御真影にお辞儀をするのも、私には形だけの儀礼でした。

戦時中、クリスチャンが、ジャパンを上に置いて、ジーザスをその下に置くという行動を見て、私は、裏切られた気持でした。しかし、かと言って、「私はジーザスを上に置くクリスチャンだ」と言いきれるかというと、そこまでの自信があるわけではない。戦中にクリスチャンが妥協し変質していくのを見ていると、自分自身の弱さを、底から感じとってしまったのです。

それに、私はジャパンに執着していなかったのですが、しかし、最後は「日本のために」死なければならない運命は動かし難いものでした。キリスト教の「神」のために戦争に行くのではないことは、はっきりしている。その時に、「私は神に従うのだから、この戦争には行かない」と言えるかというと、それはできない。自分も戦争に行くということを前提にして、どういう死に方をするかを考えるのが精一杯でした。ですから、自分の信仰とは一体何だったのか、自分で疑わざるを得なくなり、私は事実上、棄教者になっていたのです。

南原先生と丸山先生

無教会派の南原繁東大総長が、終戦の翌年四六年の三月に、総長主宰の「戦没並に殉職者慰霊祭」の告文で、このように言われました。「一たび……戦いに召さるるや、諸君はペンを剣に代えて粛然として壮途にのぼった。その際あまたの学生のうち誰一人、かつて諸国に見られたごとき命を拒んで国民としての義務を免れんとする者はなかった」(『南原繁著作集』第七巻三五頁)。私はこれを読んで、強い衝撃を受けました。もし私が学徒出陣して戦死していたら、この「追悼」の言葉を拒絶したと思います。

南原先生が、「出陣」する学生を正視できず、送る人たちの後ろに目立たぬように立っていたと書いておられ、深い苦悩に心を痛めておられたことは疑いないのですが、南原先生は、平泉澄などを「日本神教」として批判されると同時に、天皇や天皇制に対して、深い敬愛の念を懐いておられた。だからこそ、戦後になっても、天皇の命に逆らわずに出征した人々を讃える行事を主宰されたのでした。

また入試の手続きのため東大に行った時、正門に「紀元節」を祝う日の丸が掲げられているのを見て、私は耐え難い思いをし、「やはりこれは帝国大学だ」と痛感しました。のちに、これは南原先生の、占領下で日本国民の自立心を奮い立たせるための決断だったと知りましたが、先生においては、ジーザスとジャパンとが、根本において矛盾なく両立していたのです。

これは私の憶測ですが、丸山眞男先生は、どちらのJも信じていなかったと思います。丸山先生が、最後の病床から送られた手紙の一部を、お別れの会の時、木下順二さんが引用されましたが、その中に「死を恐れる気持がないとは言わない」という言葉がありました。死を恐れるとは、永遠の命を信じていないということであり、それは神を信じていないということでしょう。では丸山先生は何を信じていたのか。おそらく留保つきであれ、人間を信じていたのではないでしょうか。そうでなければ、「永久革命としての民主主義」とか、「戦後民主主義の虚妄に賭ける」といった言葉は出てこなかったでしょう。

そういう意味で、私は、丸山先生の気持が分かるような気がします。「戦後、おまえはどうして生きてこられたのか」と問われれば、つまるところ、それは新しい生き方がもちうる意味の探求に賭けてきたからだと思うのです。私がそういう考え方を持つようになったのは、パスカルの影響が大きかったと思います。パスカルは『パンセ』の中で、「神の存在を証明することはできない。神の存在は、それに賭けること以外にない」という趣旨のことを述べています。

丸山眞男先生との出会い

特別講義を聴いて

四六年二月に、安倍能成校長は文部大臣になり、天野貞祐学長が後を継ぎましたが、確か麻生磯次教頭をはじめ何人かの先生が、一高の学生は社会科学の知識が足りないという意見で、社会科学者による特別講義を始めることを決めました。まず、一九四六年の後期に、法哲学の尾高朝雄、政治史の岡義武、翌年度の後期には、丸山眞男、木村健康の諸先生が来られて、週一回の特別講義が行われました。

尾高先生は、ラートブルフの話をされました。岡先生の主題は、フランス革命以降の欧州政治史で、それは講義の中ほどで『近代欧州政治史』として刊行されました。最初の講義の冒頭に、パスカルの「人間は考える葦である」に言及され、「人間に関心の深い歴史家だな」と魅力を感じましたが、それは、以後の先生の業績から日常会話にいたるまで、常に私が受けた印象でした。この講義では、当時の私たちが今どう生きるかに精一杯だった時に、今というものを歴史の中で相対化することを学んだように思います。

また岡先生は、当時、『独逸デモクラシーの悲劇』という文庫版の小冊子を出され、私たちは、ワイマール共和国の悲劇に非常な関心をもって、これを読みました。戦後、新憲法ができ、日本の民主化が唱えられていましたが、これがワイマールの悲劇の繰り返しに終わるのではないかという危機感があり、安東仁兵衛などと、よくこの本について話し合ったものです。四七年の特別講義では、丸山先生はウェーバーを使って、日本の天皇制やナショナリズムについて話され、木村健康さんは、ベンサムを初めとする「フィロソフィカル・ラディカルズ」についての話をされました。

講義から受けた衝撃

講義の前から丸山眞男の名前は知っていましたが、私は総合雑誌に関心がなかったので、『世界』四六年五月号の「超国家主義の論理と心理」も、その年の秋にひとに言われて読みました。「すごい論文が出ている」と、とくに軍隊帰りの学生がショックを受けていたので、私も誰かから借りて読み、私にも身に覚えのある内面の世界が見事に分析されていると思いました。しかし、とくに丸山眞男をフォローすることはなく、授業で顔を見た時には、あれを書いた人という程度の知識しかありませんでした。

しかし、私は丸山先生の講義から強烈な印象を受けました。私たち一高生が取り組んでいる

「今どう生きるか」という内面的な問題意識と、社会科学的な方法による分析とが、不可分につながっていることが分かったからです。丸山先生の話は、「権力」とか「カリスマ的支配」とか社会科学的な言葉で語られたのですが、「内面化された天皇制」など、自分たちのことを言われているように思いました。

丸山先生の講義がなければ、私は法学部には行かなかったでしょう。というのは、戦後もサルトル、ハイデガーをかじり、哲学的関心が強かったので、「文学部に行くか」と考えていたからです。同時に、こうした哲学には出口が見えないという、閉塞感もありました。そこに、丸山先生の講義との出会いがあったのです。

その講義を聴いて、自分の内面的な問題に真正面からぶつかって行き詰まるのではなく、それを一度客観化して、社会と歴史の中で意味づけをする、最近の言葉で言えばリフレクシヴ(再帰的)に見直すというのが、社会科学的に可能なのだということが分かったのです。それを、法学部でやっているらしいし、こういう先生がいるなら、法学部も無味乾燥な法律だけを勉強するところではなく、自分の生き方を客観的に自己認識していける場所なのだろうと思い、法学部に行く気になったのです。また、法学部の受験勉強も少しはしなくてはと思って読んだのが高木八尺《やさか》『米国政治史序説』で、これも、アメリカ建国の宗教的・思想的背景が強く描かれていて、法学部への関心を深めました。

学生の新しい動き

「軍縮不可能論」で優勝

話は前後しますが、朝日討論会というのがありました。朝日新聞が主催して、全国の高校・大学の代表による討論を企画したもので、第一回が一九四六年。一高からは、松下康雄、中野徹雄（のちに厚生省入り）、所雄章（中央大学教授、哲学）が出て、「ローマ字採用の可否」という主題をめぐって神戸商科大学に準決勝で勝ちました。ところが、中野が病気になってしまったので、「坂本が代わりに出ろ」という声が寮生のなかから出て、東京商科大学（のちの一橋大学）との決勝戦に出場することになりました。

双方三人で、主題は「軍縮は可能か」。一高は「軍縮は不可能である」と主張する側、東京商大が「軍縮は可能である」という側になったのです。この主題を見て、松下、所の二人は逃げて、私に冒頭のプレゼンテーションを押し付けました。私は、本来なら「軍縮は可能である」と主張したいところですが、抽選で割り振られた課題なので避けるわけにいかないのが、この討論会におけるディベイトのルールなのです。困り果てて、当時キャンパス内に仮住まいしていた林健太郎さんの意見も聞いたりして、結論的には、米ソがイデオロギー的に対立している状況では、「残念ながら」軍縮は不可能であるという立論をして優勝してしまったのです。

この決勝戦で、私が一番驚いたのは、最前列に座っている、審査員の顔ぶれです。羽仁五郎・説子夫妻、堀真琴、坂西志保、鈴木安蔵、細川嘉六、鵜飼信成、岩上順一などがズラリと並んでいる。戦中には、私は名前も聞いたことのない人たちです。あの戦争の時代に説を曲げずに生きてきた知識人が、こんなにいると感動しました。少し前までは、知識人といえば、西田幾多郎、田辺元のほか鈴木成高、高坂正顕、高山岩男、西谷啓治などの京都学派でした。それが今、知識人のルネッサンスが起こっているのだという、強い印象を受けました。

「残念ながら軍縮は不可能だ」と言った一高の立場を意識してかもしれませんが、坂西さんが講評の中で、「ディベイトというのは、立場が置き換わっても、しっかり立論できることが大事なのです。したがって、相手はエネミーではなくオポーネントなのです」と、アメリカ流の英語の発音で言われたのも印象的でした。

その時に、賞品としてもらったのが、まだ粗末な紙だった岩波文庫のエンゲルス『空想より科学へ』でした。私は、それで初めてマルクス主義の書物を読んだのですが、こんな歴史の見方があるのかと驚きました。ヘーゲルとは全然違う弁証法で、なるほどマルクス主義にはスケールの大きい歴史観があると思いました。

関東高校連合の立ち上げ

一九四七年、私が寮の総代会議長を、また大野正男が寮の副委員長をした頃だと記憶しますが、関東高校連合というのを立ち上げました。事の発端は、水戸高校の安東仁兵衛(愛称「安仁《あんじん》」)が私を訪ねてきて、「水戸は朝日討論会では早々に負けた。だが、おれたち、終戦後の一〇月、全国初めての同盟休校をやったんだ。だけど、なにしろ校長がひどい反動なので、自治会もできていない。協力しないか」と言ったことです。自治会をかちとるために、一高に手伝ってほしいというわけです。いくら私が総代会議長だといっても、私の一存で「水戸のストを支援する」と約束するわけにはいかないので、「無理だろうな」と言った上で、いろいろ話をしているうちに、何となく気心が通じて親しくなった。その次に彼に会った時に、「これは水戸だけの問題ではなく、他の高等学校でも、戦争中の学校の在り方を批判して、学生がいろいろな闘争を始めているのだから、バラバラではなく、一緒に協力して考えよう」という話になりました。それが、「関東高校連合」の起こりです。

第一回目の会合は、一高で開きました。安仁の記憶によると、私が座長をやり、隣に大野が座り、向かい側に成城高校の堤清二が座っていたということです。静岡高校から来た里見という人物は、ごつい感じだけれども実に温厚で誠実な人柄の持ち主で、忘れられない人でした。食べ物がない時ですが、来客に何も出さないわけにはいかないと考えて、食事部委員に頼んだら、サクラエビをお皿に山盛りにして出してくれた。安仁だったかが「おおっ」と歓声をあげ、喜んでみんなが食べてくれたのを覚えています。

また安仁が、水戸にいろいろな先生を呼んで講演をしてもらい、勉強をしたいから、どういう人を呼んだらいいか、手伝ってくれと言うので、彼と一緒に、目黒に住んでおられた丸山眞男先生のところに行きましたが、多忙を理由に断られました。また、江古田に物理学者の武谷三男氏を訪ね、こちらは引き受けてくれました。

政治への懐疑

私は、戦時の苦い経験から、政治への不信が強く、政治的運動にも積極的な関心はありませんでした。ただ、古い体質の高校から自分たちを解放するという、安仁たちの趣旨には賛成でしたから、高校連合の立ち上げのために多少は行動しました。けれども、その延長線として、社会体制を変革して人間を解放する、というような政治的イデオロギーには懐疑的で、熱意をもてませんでした。それに、自分自身で考えたい内面的な問題もあったので、二回くらい会議に参加しただけで、身を引いてしまいました。

事実、後で知ったところでは、その頃すでに東大経済学部を中心に、高校生を組織化する共産党関係の動きもあったようです。安仁は、バリバリの行動派で、すでに関東高校連合の発足の頃には、水戸高校の共産党細胞に属していたらしく、四八年に東大に入学した時、東大細胞に「転籍」したと書いています。そこに堤清二、里見某などが加わっているので、私は、関東高校連合という名前で、その前座を務めたことになるのだろうと思います。

第5章　研究者への道

丸山眞男先生とのゼミ旅行(1950年)

東京大学法学部に入学

自分の問題に答えを出したい

一九四八年に東大法学部に入りましたが、私は社会科学、いわんや法律学を勉強するという意識ではなく、自分が考えてきた問題への答えを出したいという気持が非常に強かったのです。その問題とは、第一に、戦争が終わって、それまで自分の命を捨ててでもしなくてはならないと思っていたことが一挙に消えてしまい、虚脱感のなかで、自分の生きる目的をはっきりさせたいという気持が強かった。そして、第二に、自分がこのように方向感覚を失うばかりでなく、人々が、動物的に食べるために生きなければならない状況の下で、人間らしさを失って、社会も方向感覚を喪失している。こうした虚無的な状態は、結局のところ、超歴史的な人間性そのものの現れではなく、戦争と敗戦という歴史的な状況の所産ではないか。だとすれば、自分の内面的な問題は、戦争という政治的・歴史的な問題の文脈のなかで考えねばならないのではないか、という問題意識です。法学部での思想史の勉強が、その答えにつながると考えたのです。

ですから、岡先生と丸山先生の講義は全部出ました。辻清明先生、高木八尺先生の講義もわりに出ましたが、法律の科目にはどうも魅力を感じない。ただ、来栖三郎先生の民法は、実定法の正しい解釈があるという実定法学の「客観性」に疑問をもち、条文解釈ではなく、民法的思考が形成される歴史的・社会的過程を話されたので、興味深く聴講しました。ですから実定法の勉強にはならなかったのでした。来栖先生は、非常に謙虚でシャイな方で、学生の顔を見ず、ひたすら講義案から目を離さない。時に声が突如中断するのでノートをとるのをやめて見上げると、姿が見えない。大きな演壇の机の後ろに身を隠して、洟をかんでおられるという具合でした。また、宮沢俊義先生は、恩師・美濃部達吉が天皇機関説問題で迫害されたのを傍らで見ておられたせいか、かなり慎重な相対主義的なトーンの講義でした。開口一番、「一切の理論は灰色であり、生命《いのち》なす木は緑である」というファウストの一句を引用されたので、面白いことを言う教授だなと思いましたが、やや憲法を勉強する意欲をそがれたのも事実です。

外交史は、専任の神川彦松教授がパージになったため、岡先生が兼担され、その後は江口朴郎、林健太郎講師が講義をしておられました。岡先生は、当時すでに欧州政治史と日本政治外交史の二つの講座を担当しておられ、それに加えて外交史の講義をされたということは、先生の学識なくしては不可能な重責でした。南原先生は総長の激務のため、政治学史の講義を半年二単位だけされました。メモを一枚持ってこられ、プラトンからカントあたりまで、すごい駆け足での濃密な精神史的な講義だったので、私にはやや難解でした。

丸山ゼミに参加して

演習は、もっぱら丸山ゼミでした。最初の年は、ヘーゲルの『歴史哲学講義』の中の「東洋的世界」で、私は志望書に、「これまで歴史学の勉強をしたことがありませんので、この際ぜひ勉強したいと思います」と書きました。丸山先生は採ってくださったのですが、ゼミの冒頭で「これは歴史の授業ではありません」と言われ、私は無知を恥じたのでした。ゼミでは学生に分担して読ませ、学生が質問すると、「ほかの人はどう思いますか」と聞かれ、学生が的外れの解釈をやりとりしていると、先生はやっと答えを言われるのですが、「ここはこういう意味です」と先生の方からは言い出されないのでした。それで、学生同士で、解釈をめぐって丁々発止したりしたものです。先生に頼らないという教育でした。その後、私がゼミをやるようになった一九六〇年代の後半には、学生同士の議論が次第に減り、先生の鶴の一声を待つという傾向が、時とともに強くなっていきました。小中学校の頃から、自分の個性的な意見を発言するのを教師が励まし、高校時代には学生の関心に応じて古典的な書物を読ませる、という教育が乏しくなった結果だと思います。

二年目は、ルカーチ『歴史と階級意識』で、我妻先生が原書を持っておられたので、我妻洋が「それなら、これを使えばいいよ」といってくれたため、原書で読むことができました。三年目は、丸山先生が病気で休まれたと記憶します。その後、もう一回、私が研究室に残ってから、先生のゼミのお手伝いとして出席し、マンハイム『イデオロギーとユートピア』を読みました。そのゼミにいたのが、藤田省三、野村浩一などで、その後も親しく付き合い、いい勉強になりました。

マルクス主義との距離

『資本論』を読んで

マルクス主義の本は、前出の『空想より科学へ』以外にも、『共産党宣言』『ドイツ・イデオロギー』など、戦後になって、いくつかは読んでいましたが、東大に入ってからは、経済学部の安藤良雄助教授の友人が中心になってやっていた「『資本論』を読む会」に、大野に誘われて加わりました。マルクスは何故ここでこういう言葉を使ったのかと、一字一句意味があるものとして読むのです。古典をきちんと読むとは、こういうことなのかと、教えられました。聖書を読むのと似ているけれど、これはあくまで社会科学の文献として読むわけです。

私が『資本論』を読んで最も感動したのは、工場労働者がどういう状態にあるかを、膨大な事例をおさえて具体的に描いており、そこには、同じ主題を描いたエンゲルス以上に、マルクスの人間性が活き活きと現れていることでした。その上で、商品とか貨幣の冷静な理論や図式が出てくる。人間としてのマルクスを感じ取ることなしに『資本論』を読むのでは、マルクスを語る資格はないのではないか。マルクスが何故あれほど資本主義の批判的分析に一生をかけたのかは、これを読むと分かるような気がしました。

他面で、プロレタリアートは善で、革命を起こせば理想的な社会になると言われても、私はそれほど人間を信じることは出来なくなっていたので、マルクス主義にはついていけませんでした。しかし、当時は、共産党支持でなくても、マルクス主義への共感が強い時代でした。日本人が、キリスト者や自由主義者を含めて、天皇制と軍国主義に転向したり同調していた時に、徳田球一、志賀義雄などが「獄中一八年」、初志を曲げなかった。このことによって、共産党がモラルの点での優越性を広く認められていたことは、今では想像もできないほどです。そして、冷戦が始まり、占領軍がレッドパージを開始した時、戦前の経験から、共産主義者の次には自由主義者が弾圧される、だから今、自由主義者も共産主義者を護らなければならないのだと、多くの人が信じたのも根拠があったのです。

パージへの抵抗

一九四九年七月以降、いくつかの大学で、占領軍の民間情報教育局(Civil Information and Education Section)の顧問イールズが、大学から共産主義教授たちを追放すべきだという講演をして、大学にもパージの手がのびてきました。法学部では、「川島武宜、丸山眞男、辻清明助教授が危ない」という情報が流れ、学生の間にも強い危機感が共有されました。そこで、一九五〇年一〇月、法学部の教授と学生と職員合同の集会を二五番教室でやりました。

立錐の余地もないほど学生が集まっていても、誰も声援の声など出さないのですが、「先生頑張って下さい。われわれも支援します」という、無言の迫力と熱気が全体に満ちていました。三先生は、それぞれの表現で決意を穏やかに語られるとともに、学生に平静な対応を求められ、学生も重い心を懐きながら、静かに解散したのでした。先生方と学生とが、あれほど一体化して危機感を共有したことは、戦後の東大で、前にも後にもなかったと思います。のちの東大紛争とは全く正反対でした。

研究奨学生として大部屋で学ぶ

丸山先生に拾ってもらう

いざ自分の生き方をどうするか、具体的には職業の選択を迫られていたのですが、「お前は官僚になれよ」などと勧める友人もいましたけれど、そういう気持になれず、就職・求人の掲示を見ても、まったく興味がわかないのです。そのうちに、就職口がなくなってしまい、どうしようか迷って先輩の福田歓一さんに相談したら、丸山先生に話してみたらどうかと言われました。そこで丸山先生に会って、自分の生き方を、もっといろいろな角度から考えてみたいということを話しました。ゼミで私のことを知っておられたので、「それならいいよ」と、先生に拾ってもらったようなものです。

ちょうどその頃、日本で三〇年近くＷＩＬ(婦人国際平和自由連盟)の一員として平和運動に尽力された宣教師グラディス・ウォルサー夫人の意思で論文募集が行われ、私が、確かカントやウェーバーなどを生齧りで引用して平和について書いた論文が入賞した。そのお蔭で研究室の先輩が好意的に迎えてくれました。同じく入賞したのは、中村智子さんで、その後中央公論社で、嶋中事件などを契機に保守化への転換があった時にも、節を曲げずに徹した人です。

私が入ったのは、法学部研究室(三号館)三階の第三共同研究室という大部屋で、政治学を勉強している錚々たる助手・研究生がいました。最年長の岩永健吉郎、ついで岡義達、福田歓一、京極純一の四人が指南役です。続いて、升味準之輔、飯坂良明、石田雄、永井陽之助などがおり、私と同期で机を並べた新入生は宮田光雄、渡辺保男の二人でした。

大部屋の先輩たち

岡義達さんは、きらめきのある話をするのですが、言葉も文章も、練りに練って表現するために理解困難なことが多いタイプの人でしたし、福田さんも、政治思想史を凝縮して精選した言葉で話されるので、この二人が対話を始めると、すぐには理解できないことがしばしばありました。加えて、京極さんは、初めは植村正久について書かれたりしていましたが、行動科学的・数量的な政治学に早くから通暁し、一見丁寧に説明されても、私には十分理解できないことがありました。これら三人の、それぞれに優れた研究者が話されることの意味を、私たち新米にも理解可能な言葉で話されるのが岩永さんでした。岩永さんは、海軍から帰って政治学を勉強しようとしたが、「何を読むべきか、皆目分からないので、戦前の『エンサイクロペディア・オブ・ソーシャル・サイエンス』の項目末に挙げてある文献を読むことから始めた」と言われました。戦後日本で政治学の勉強に初めて志した当時の苦労を知って、身が引き締まる思いがしたものです。そういう経験があってか、岩永さんは、文献に目配りすることが実に身についており、私は、岩永さんから、学術雑誌論文をふくめ、参考文献について随分学びました。岩永さんが最も敬愛していたのが、シグマンド・ノイマンで、彼の『パーマネント・レヴォリューション』(邦題『大衆国家と独裁』)を高く評価し、翻訳もしましたが、その一つの理由が、内政と国際政治との連繫を鋭い時代感覚で的確にとらえているということでした。私がアメリカに留学していた時、岩永さんはノイマンの下で研究しておられたので、コネティカットのウェスリアン大学に訪ね、ノイマンの口から戦間期ヨーロッパの活き活きした描写を聞くことができました。

共同研究への参加

この四人の先輩は、学殖の深さから他の同室者に一目も二目も置かれていましたが、その中でとくに岡さんと福田さんは、個性が強く、言葉が難解なので、多少敬遠する向きもありました。しかし、福田さんは、格別責任感が強く、皆を研究グループとしてまとめ、共同研究を推進することに、いつも並々ならぬ努力と気配りをしておられました。先生方も、助手・研究生の自発性を尊重し、干渉がましいことは一切されず、福田さんたちが立てる共同研究の企画に、進んで参加するという姿勢でした。

最初の共同研究(一九五二年)の主題は、当時の切実な問題意識を反映した「国際政局におけるワイマール共和国――デモクラシーとパワーポリティックス」で、コミンテルンに関心があった私は、ソ連を担当された阿利莫二さんのお手伝いをしました。印象に残っている共同研究の最大のものは、のちに「政治学年報」(一九五三年)の特集となり、さらに、それを基に新たに執筆された岡義武編『現代日本の政治過程』(一九五八年)として刊行されたプロジェクトです。また五五年の共同研究は「現代英国外交の視座と構造」を主題として、岩永さんと横山信君が報告者となり、私も補助役として、クロスマン、ベバン、フェビアン協会の諸論文などを大分読みました。とくに興味深かったのは、イギリスにはアメリカと違う位置付けを模索する労働党の左派や知識人がいて、アメリカ的資本主義でもなく、ソ連的共産主義でもない「ソーシャリスト・ユーロップ」の構想を追求した点で、今日流に言えば「第三の道」を探ろうとしたことです。これは、米ソ対立のなかで、日本をどう位置付けるかを考える上で、興味がある課題でした。

カーを読む

またE・H・カーについては、丸山先生が戦争中に『平和の条件』(一九四二年)を読まれたことを聞き、かなり早い時期に『危機の二十年』(一九四六年)を読みました。戦中、戦争直後の本は、大学の書庫には入っていないので、自腹で買うしかないのですが、カネがある時にしか買えないので、論理的な順序で読んではいません。何かの時に、岡先生が

「あの本はリアリズムだと言われるが、よく読むとそうでない面がある」と言われ、私も同感したのを覚えています。『西欧を衝くソ連』(一九四七年)や『新しい社会』(一九五一年)は、そのいい例だと思いました。しかし私がカーに最も惹かれたのは、『マルクス』『バクーニン』『ドストエフスキー』などに表れた人間に対する洞察力で、そういう人間観が基礎にあって彼の国際政治観がある点が、非常に興味をそそりました。また彼の大作『ボルシェヴィク・レヴォリューション』は、その実に入念な資料渉猟に圧倒されましたが、彼が『歴史とは何か』で言うとおり、彼なりの内在的解釈が通底しており、ソ連崩壊後、批判されることになったのは残念です。

寮のような研究室

世間では「東大法学部」というと、教授が権力をもち、助手たちを酷使する、権威主義の権化であるという固定観念を懐かれやすいのですが、実際には、岡、丸山、辻清明、堀豊彦の四先生での下で、研究室の雰囲気は、きわめてリベラルでした。

新入りの宮田光雄、渡辺保男と私の三人も、何か自分たちでやろうと考え、メリアムの『ポリティカル・パワー』(『政治権力』)を輪読したりしました。そういう風に、始終、大部屋の中で、一緒に勉強したり、貧しい弁当を食べながら議論したりしながら研究活動をしたのでした。個性的な人が多かったので、この共同研究室は「梁山泊」と呼ばれたりしていましたが、その意味で、共同研究室は旧制高校の寮に似ており、同室の先輩や同輩が、いい教師でした。

そして自主的に月例の「政治学研究会」をつくり、かわるがわる報告や書評を行ったほかに、前述のように毎年、共同研究を企画し、そのプロジェクトのメンバーによる共同報告も定例化しました。当時は、今日ほど洋書の入手が簡単でなかったので、月例の研究会での洋書の紹介と批評は、知識の共有のためにも、かなり重要な作業でした。私は、五四年にコバン(Alfred Cobban, *National Self-determination*, 1947)の書評を行い、岡先生は、「面白そうだね」と聞いてくださった。この中で、著者は「ネーション」についての、ルソーとバークの思想を対照的に分析していますが、後になって考えてみると、私がエドマンド・バークについて「助手論文」を書く端緒は、ここにあったのかもしれません。しかし、当時はそういう意識はありませんでした。

政治学関係の助手・研究生は、誰の弟子という意識がかなり弱かったのですが、それは、「弟子」の側の自主性が強かったことに加えて、「指導教官」の側も、関心が広かったことによると言えます。私の場合、丸山先生は、「本店」は日本政治思想史ですが、「夜店」は政治学の理論から国際政治に及び、岡先生は、欧州政治史と日本政治外交史が「専門」ですが、政治理論にも、思想史にも、国際政治史にも関心を持っておられた。ですから、私は、初めは丸山先生に拾ってもらったのですが、先生が病気療養で休まれたため、岡先生のお世話になり、助教授採用の教授会への推薦は岡先生がして下さったので、いわば両先生の接点にいたわけです。

研究奨学生という身分

当時は、研究者養成の制度として、助手と研究奨学生(有給の院生のような身分)があり、私は後者でしたが、奨学金は助手の給与より低かった。助手のように、公務員のベースアップに連動するのではないので、戦後のインフレで、奨学金の実質的価値がどんどん低下していき、生活が苦しいのです。そこで「賃上げ」のため有志と一緒に大蔵省に行き、主計官に「助手並み」という要求を出しましたら、結局、助手の給与とほとんど同額になりました。主計官という人物を初めて見たのですが、決定力があるのに驚きました。

幸いにして空襲で家が焼けずにすみ、土地を耕して最小限、食いつなぐことが出来たので、奨学金の大半は本を買うのに使いました。父が戦後間もなく死去し家族の収入がなくなったため、母は中国から持ってきた思い出のある品を古物商に売ったりして、いわゆる「筍《たけのこ》生活」をして助けてくれました。

なぜバーク研究だったのか

革命の思想を鍛えるために

当時の日本は激動の時代です。戦争で社会が家族にいたるまで、復旧不能な変化を経験したのち、戦後には、占領軍による上からの変革と、政府に裏切られた民衆の生存のための下からの行動によって、革命的とも言うべき変動が急速に進んでいました。現状を変革しなければならないという意識は、国民的な正当性を獲得していました。そして、そうした潮流は、圧倒的にマルクス・レーニン主義の影響を受けていましたが、私は、この思想に新たな全体主義的な傾向を感じ、そのまま波に乗ることには抵抗感がありました。とくに、戦中は国家主義的・右翼的だった人が、にわかに左翼的言辞を弄する例などを見ると、そこに思想的な弱さを感知せざるをえなかったのです。

しかし、変革の必要は痛感していました。そこで、革命の思想を鍛えるためには、社会が変革の方向に滔々と流れていく中で、これと対決し、反革命を主張した思想は何だったのかを知るべきだと考えました。そして、そういう思想の持主として、フランス革命に反対したエドマンド・バークに着目したわけです。なぜ彼が、政治的・社会的・経済的に必然性をもって起こったフランス革命に、公然と反旗を翻したのかに関心をもち、それを「助手論文」の主題に選びました。

バークにとっての二つの革命

バークを読んで、すぐ浮かぶ疑問は、アメリカの独立革命に対して、英国議会の多数意見に抗して、植民地側の要求を容認すべきだと主張した彼が、フランス革命に対しては、まだ英国議会の少数意見だった革命初期から、強硬に反対の意思を表明したのは何故か、そこには矛盾がないかという点です。実際、彼が『アメリカとの和解』と題して、支配者であるイギリス側の自制を訴えた議会演説は、今日読んでも、政治権力の自省と自制の必要を、強い説得力をもって考えさせる、統治の英知を示す名文で、感動を喚びます。他方、フランス革命を原理的に拒絶する『フランス革命の省察』は、フランスの国王・王妃に対する過剰な感情的擁護の色彩が濃いものの、革命的民主主義の自己否定的な陥穽への鋭い洞察に力点が置かれています。

もちろん彼の意識においては、この二つは矛盾するものではありませんでした。彼は、アメリカの抵抗の基礎に名誉革命と同じ原理を読み取り、彼が擁護する君主政・貴族政・民主政を包括した「混合憲法」を維持するためにアメリカ革命を擁護したのでした。他方、フランス革命は「混合憲法」、とくにその中の君主政を破壊する「純粋民主主義」であるとして否認したのであって、一七九三年以降、革命勢力を「国王弑逆者」として激しく弾劾したのは当然の帰結でした。しかし、アメリカの独立革命はイギリス国王をギロチンにかけなかったにせよ、国王の支配を廃絶して共和政の国をつくったのであって、この点では、バークの言説には盲点があると言うべきでしょう。しかし、バークの思想の原点は名誉革命であり、アメリカ独立革命は、名誉革命の原理に基づく抵抗であるのに反し、フランス革命は名誉革命の原理の否定だと彼は受け取った。それは理由のある判断でしたが、問題の核心は、彼が判断基準とする名誉革命の体制が「混合憲法」だという点にありました。

バーク解釈の混乱

バークは、フランス革命の強硬な否認者として記憶されたため、一九世紀末頃までは、あまり重視されなかったのですが、彼のアメリカやアイルランドやインドに対するリベラルな姿勢が評価されて以来、彼は自由主義者にも保守主義者にも再評価され、じらい、無数の著書・論文に引用されてきました。問題の鍵は、バークの思想の基準が「混合憲法」であることです。そのために、それらの人々の引用が断片的、恣意的になりがちであり、時には「君主政」、時には「貴族政」、時には「民主政」の側面が注目され、彼の思想を全体としてとらえる試みが、きわめて少ないということです。彼の生涯を記述する「伝記」は一九世紀から相当数ありますが、彼の思想の「トータルな解釈」は見られないのです。

それには理由があります。たとえば彼は、権力志向の強いジョージ三世に対する国民の不満を正当視し、国民(議会)には国王を追放する権利があるという脅迫めいた文書を国王に提示し、また国王による買収の財源となる予算を削減する財政改革を追求した。その半面で、フランス革命については、王政下の財政破綻を早くから認識して批判していながら、国王を強硬に擁護しました。また英国議会における大貴族支配や腐敗を激しく非難しながら、他方で、議員の選挙民からの独立性を強調し、選挙民に拘束される「命令的委任(mandat impératif)」を明確に否定しました。また国教会によるカトリック差別を強く批判しながら、国教会体制に批判的なユニタリアンの排除を支持したのでした。したがって、私の関心は、後世の政治家や研究者に与えた「影響」が断片的・恣意的だったこと自体にではなく、なぜバークについて、解釈の混乱や不整合が起こったかにあったのです。二点あります。

混合憲法と状況判断

第一に、バークが「混合憲法(mixed constitution)」の忠実な実行者だったことがあります。「混合憲法」「混合政体」という観念は、古代からありますが、バークにとって、「混合憲法」は名誉革命で現実に勝ちとったものであり、またアイルランド出身で貴族でもない彼にとって、この「混合憲法」こそ、彼に忠誠心と政治的機会とを保証するものだったのです。換言すれば、君主政、貴族政、民主政のどれを状況に応じて強調し、憲法の「混合性」の価値と特質を発揮するかは、彼にとって政治の精髄だったのです。それは、最も優れた意味での「政治的状況判断」であり、そうした「状況判断」の原理的基礎が「憲法」であったのでした。そうした彼の政治的叡知が私に強い感銘を与えたのですが、彼の叡知をよく理解しない人々の間に、解釈の混乱や恣意性を生みだしたのでした。

第二に、同様なことは、彼のフランス革命論にも現れます。彼は、名誉革命の所産である複雑な「混合憲法体制」を前提にして、フランス革命の「純粋民主政」を「アナーキー」として批判したのですが、彼の『省察』を逸早く「聖典」のように自己の正当化の根拠としたのは、誰よりも大陸のアンシャン・レジームを固守していた君主や貴族でした。彼らは、バークの主張の背景をなし、彼自身が尽力した、英国議会制の微妙で弾力的な改革の積み上げの歴史を理解しないまま、フランス革命否定というバークの言説と結論を、自己の正当化に転用したに過ぎなかったのです。そこではバークは「保守」ではなく、「反動」と同一視されたのでした。これは、ある国に妥当する言説が、他の国の別な文脈のなかで、いかに異なった機能を果たすかという、国際政治でのイデオロギー伝播にかかわる重要問題を示す悲劇的な一例でした。これが、米国での自由の理念が、自由の伝統が薄弱な日本で、容易に自由を否定した反共に転じがちな、当時の現実を念頭に置いた私の問題意識の反映であることは言うまでもありません。

こうした問題意識を含めて、バークの思想の理解に努めたのですが、一番分からなかったのは、彼の国際関係観でした。それは、彼がこの分野について述べていることが少なく、資料が乏しかったことによるものです。一応「国際政治における反革命思想」という大きな題の論文を書いてはみましたが、国際政治に関する章は、とても公刊できるものではありませんでした。丁度そのころ、バークの本格的な書簡集の編纂と刊行が一〇年計画で始まったので、その完成を待つことにして、アメリカに留学してしまったのです。その後、私の主な関心は現実の国際政治に移ってしまったので、バークの国際観を含めて論文の完成に着手したのは、五〇年近く後になってしまいました。

五〇年後の論文完成

なお、私のバーク論文を、「バークに批判的」と性格づける人がいます。「批判的」というのは「否定的」とは違うのであって、ある思想の優れた面と誤った面とを指摘し、その両面の内在的結びつきを有機的に解明することこそ「批判的」という言葉の真意だと思います。

助教授に任命

「国際政治における反革命思想」と題する、助手論文に相当する論文を、研究奨学生の三年の任期が終わるときに提出しました。私は「どこかの大学で拾ってくれれば有り難い」という程度に思っていました。折悪しく丸山先生は病気療養中でしたので、岡先生が論文を読み、教授会に推薦してくださり、助教授に任命されることになりました。なお、この教授会で、私を中学生の時から知っておられる我妻栄先生が、「岡君が推薦した坂本君は、岡君の欧州政治史が〝良〟じゃないか」と、半ば冗談に言われたそうです。また、横田喜三郎先生は、「国際政治学は思想だけではなく、現実に対しての目配りが必要だ」と発言されたと聞いています。

第6章　アメリカ留学

シカゴ大学の寮にて

シカゴ大学へ

国際政治学を知る

私は、戦争による社会の崩壊のなかでの自分の生き方を考えながら、思想史をかじっていたのですが、いつものように、共同研究室でダベッている時、私の問題関心をよく知っている福田さんが、「君の考えている問題は、国際政治の領域なのではないかな」と言われ、私は国際政治学という分野があることを、初めて知りました。そこでハンス・モーゲンソウの主著『国際政治(*Politics among Nations*)』を読んで、その体系的思考力に感銘を受け、さらに『*Scientific Man vs. Power Politics*(近代合理主義への権力政治の挑戦)』で、思想史との結びつきを考えさせられました。

一九五四年四月、助教授に任命された最初の教授会の後、先輩教授を招いて開く懇親会がありました。そこで初めて、最長老の山田三良《さぶろう》(国際私法)、それに田中耕太郎、筧克彦(行政法、憲法、法理学等)、中田薫(日本法制史)など、名前は知っていても顔を見たことのない、大先生が並んで座っておられるのを目の当たりにして、「東大法学部というすごいところに来てしまっな」と叫んだのだ」と、威圧感を懐きました。筧先生は、噂に違わず「神ながらの道」を説き「弥栄《いやさか》！」と叫んで話を終わられましたが、戦後になっても信念を変えない姿は、滑稽というより真摯という印象が強く、丸山先生が、「筧さんは、思想はおかしいけれど、人柄は立派だ」と言われたのを思い出しました。

米国籍を放棄して留学へ

その頃、岡先生は、助教授としての心得を話された上で、自分は国際政治が専門ではないから、なるべく早くアメリカに留学することを勧められました。私が、モーゲンソウの下で勉強したいと言うと、先生は賛成して、早速、紹介状を書いて下さった。当時は、確か一五ドルしか外貨を持ち出せない時代だったので、フルブライト留学生の試験を受けることにし、幸い合格しました。

ところが、意外な問題が起こりました。フルブライト委員会から、この奨学制度は外国人のためのものだが「貴殿は米国籍をも持っているので、このままでは、適用外となる」という通知が来たのです。確かに私は米国生まれだから、米国籍を持っていたことは承知していましたが、日本で兵役に先立つ簡閲点呼も受け、また戦後、日本で選挙権も行使しているので、米国籍は当然失われたものと思っていたのです。もちろん、米国で勉強することが私の優先的な目的だったので、それなら米国籍を放棄しようと考えました。ところが、米国大使館領事部に行くと「放棄する前に、米国での出生証明書が必要」という官僚的な要求をされた。

米国では、日本のような戸籍謄本の制度がないので、どうしたらいいか、母に相談したところ、手元の書類の中から、医師の書いた私の出生証明書が出てきました。そこで、母が大使館に同行し、まず私を米国で産んだという生き証人の宣誓を流暢な英語で行い、次にその息子の私が米国籍放棄の書類に署名して、私は純粋の「日本人」になりました。当時は、米国軍人の「妻」になった女性や、米国で一旗あげたいなどの理由で、米国のビザを何とかして手に入れて渡米しようとする人ばかりが連日来ていたので、私のように、平然と米国籍放棄を宣言する人間は、よほど珍しかったらしく、女性タイピストの間で評判になったと聞きました。上海で見たような「ステイトレス(無国籍)」の人間もいれば、「二重国籍」の者もいることを考えると、「国籍」というものについて、複雑な違和感を懐かざるを得ませんでした。ただし、今や米国にとって「外国人」になった私は、冷戦下のマッカラン法という反共治安維持法により、長期滞在者として、指紋押印をしなければならなかった。

アメリカに来た実感

五五年七月、横浜から氷川丸で出発しました。福田さん、星野さんなどが埠頭まで見送りに来て下さいました。それはもちろん厚意の表れですが、同時に、その頃の日本では外国留学の例が少なく、特別な機会だったことを示すものでした。

フレッチャー・スクールに行く明石康君も同乗していました。

一二日間の航海を終わり、朝にシアトルの港に近づいてくると、緑の丘に点在している家の、赤・白・青などが、新築か、塗り直したのか、眩しく浮き出すように見えました。日本のくすんだような家とは違い、「アメリカに来たのだ」という実感が身にしみるようでした。シアトルのワシントン大学で大学生活についての講話を一日聴いてから三日ほど汽車に乗り、シカゴで乗り換えて、オリエンテーションのために、マディソンのウィスコンシン大学に着きました。これがまた、大きな湖に面した広々とした風光明媚なキャンパスで、その美しさに圧倒されました。「これはパラダイスだ」と私が言っても、アメリカ人の学生は、これが当たり前という表情で、やはり戦禍を知らない若者との感覚の違いを感じました。

横浜港まで見送りに来てくれた先輩・友人たち．左より福田歓一，渡辺保男，著者，野村浩一，星野英一，大野正男．氷川丸の前で

スマイルの文化

もう一つ驚いたのは、互いに全く知らない学生や大人たちが、すれ違う時、必ず微笑

を交わすことでした。初めは、とくに好意を示してくれたのかと思ったりしましたが、誰もが、知人でなくても、微笑を交わしていることが分かりました。この「スマイルの文化」は何か。はじめは、互いにどこから来た誰であるかを知らない移民の国での、人間関係の潤滑油として生まれた共存の知恵ではないかと考えました。シカゴのような大都市でも目が合えば微笑することが多かったのです。しかし、その後、リースマンのいう「孤独な群衆」の増加とともに、アメリカの人々の間から、小さい町でもこの「スマイルの文化」が消えて行くのを見て、アメリカ社会の変化を感じたものです。

このオリエンテーションの間に、教授たちが自宅に招いてくれる企画があり、私が行ったのはエプスタイン教授の家でした。実は、私は離日の少し前に、共同研究「現代英国外交の視座と構造」を手伝って、イギリス外交政策についての彼の新刊書も読んでいました。それを知った彼は、「極東」の日本人が自分の著書を知っていることに、ひどく驚き、また喜んでいました。日本の研究者の、外国の学者の著作に対して持つ旺盛な関心は、まだ知られていなかったのでした。

農家での生活

この時のもう一つの興味深い経験は、大学から離れた田舎の農家で一〇日ほど暮らしたことでした。農民と言っても、自動車も電気冷蔵庫も洗濯機も持っていて、日本から来た私には、田舎における都会生活のように見えました。しかし、そうした外見にもかかわらず、彼らが日本の農民に劣らず、よく働くのには驚きました。私も、朝四時には起きて、トマトなどの野菜、苺、すもも、りんごなどを採りいれ、牛の乳をしぼり、六時には、村の露天市場に売りに行くのです。帰ると、牛をはじめ、いろいろな手入れをする。一緒に市場に行きますと、日本人など見たことのない人たちですから、何となく寄ってくるのです。お蔭で、ホスト農家の売れ行きがよく、私は、人寄せパンダの役割を果たしました。

アメリカの農家で農作業を行った

ここで私は、戦争の相手だった日本人を見たこともない人たちが、孤立主義の地盤である中西部では普通のことなのだと理解しました。またとくに関心があったのは、ウィスコンシン州はマッカーシー上院議員の選挙区なので、土地の人はマッカーシズムについて、どんな意識をもっているのかということでした。何人かの人と話した限りでは、マッカーシズムは選挙民の意識の反映というより、彼自身の反共イデオロギーの産物だという印象を受けました。

それより驚いたのは、私のホストはドイツ系移民なので「あなたの一生で、いちばん苦しかったことは何ですか」という私の質問に、私は当然「ドイツとの戦争だ」と答えると予想したのですが、彼の答えは「大恐慌だ。あの時は生きるだけで精一杯だった」でした。恐慌の傷痕が、それほど深いとは考えていませんでした。

田舎の農家といっても電気冷蔵庫や乗用車，トラックがあり，牛の乳しぼりにも電機が使われていることに驚いた

留学生活のはじまり

八月にシカゴに移り、帰省学生が多くてガランとした「インターナショナル・ハウス」に宿泊しました。七月の、戦後初めての米英仏ソ東西首脳会談に続いて、アデナウアー西独首相がモスクワを訪問したことを、部屋のラジオで聞き、やや希望をもったりしました。その後、アメリカの学生と一緒に生活したいと考え、キャンパスの中の寮に移りました。フルブライトの給費は、月謝を除いて、ひと月一八〇ドル。寮費と食費で一五〇ドル近く使い、残り三〇ドルで本などを買いました。

一〇月初めから学期が始まり、ライトの「国際法」、イーストンの「システマティックな政治理論」のクラスに出ました。イーストンは、既存のアメリカ政治学を「システム理論」を使って批判する点では、鮮やかでした。最も苦労したのは、ライトの時間で、東大での横田喜三郎著『国際法』のような、一定の学説を覚えればすむというようなものではなく、徹底したケース・メソッドで、分厚い判例集を読んで、自分で考えた立論と結論を、毎週ペーパーとして提出させられる。全く新しい「方法」には、予備知識もなく、毎日明け方までかかってタイプライターを打ちました。

ルームメイトのこと

学期初めに入った大学の寮は、ルームメイトが二人いる二部屋続きでした。私は単位をとる義務はないのですが、できるだけ他の学生と同じように勉強するために、毎週ペーパーを書き、同室者の睡眠を妨げないように気遣いながら、タイプするのは気苦労でした。彼らも各自の学部でのペーパーを書くのですが、自国語ですから、さっさと終えて寝てしまうのです。こちらは睡魔とたたかいながらで、煙草を日に四〇本位吸い、コーヒーを飲みすぎ、ひどく胃を壊してしまいました。

ルームメイトの一人、トム・ワーグナーは文化人類学が専門で、心の優しい人柄でした。夜中のタイプの音も気にかけず、時には、英文を直してくれたりしました。彼をはじめ、朝鮮戦争帰りでGIビル(政府奨学金)をもらう学生が寮に多く、皆おとなであり、ただ一人のアジア系外国人である私に対しても、ごく普通に付き合ってくれました。ある晩、どこかの部屋でコンパをしたらしく、夜中に南北戦争での北軍の歌を歌ったりしていました。

トムの父は、セント・ルイスの裕福な銀行家で、トムの妹の結婚式に招いてくれ、その豪華な式や贈り物の山を見て、まだ貧しかった日本から行った私は、アメリカの金持ちの豊かさに驚きました。しかし、トムはイェール大学の学部までは親が学資を出したけれど、大学院に行くのは本人の意思だから、一切学費を出さないという親の方針を当然のことと受け入れていました。私は、アメリカの親子が、互いに愛情を持ちながらも独立の個人として扱っていることに感心しました。しかし、トムは大学の寮で一学期を暮らした後、寮費が高いからといって、私を誘って、近くの半地下の、一九二〇年代の冷蔵庫が置いてある安い部屋に引越しました。トムが炊事をするという条件付きでした。お蔭で連日スパゲッティを食べさせられて閉口しましたが、勉強は、快適な古い石造りの社会科学系の図書館でしました。

五六年一月からの冬学期には、モーゲンソウの「国際政治」とイーストンの「一九世紀の政治理論」のクラスに出ました。イーストンは、前学期の批判的現代政治理論は面白かったのですが、政治思想史の話は、自分の政治システム論を尺度にして分析するという視点を貫き、歴史感覚のないのに失望しました。

モーゲンソウという人

モーゲンソウの授業

モーゲンソウには、前の学期から、「国家理性」についての私の考えを敷衍したペーパーを読んでもらったりしていましたが、彼の授業は、いかにもドイツの「プロフェッソール」の講義という感じで、シラバスもなければ、リーディング・リストもない。学生が「参考文献は何でしょうか」と質問すると「私の本を読め(Read *the* Book)」と答えるだけで、あとは彼の主著『国際政治』の骨子を、黒板など使わずに話すのです。質問ずれした、あるドイツ人の学生が挑発的な発言をしても、ユーモラスな皮肉たっぷりに自説を言うだけで、歯が立たないのです。

そんなある時、私も授業で質問をしました。モーゲンソウの理論は、国際政治政策には、膨張主義的な「帝国主義」と、「現状維持」政策の二つがあるという前提に立っているので、私は、彼の本の註に「英国のインド支配放棄は、それによって国家利益の現状を維持するためのもの」と書いてあるのを引いて、「もし現状維持なら、植民地支配を維持継続すべきであり、植民地支配の放棄は、縮小政策という第三のカテゴリーで説明すべきではないでしょうか」と質問した。彼は一瞬、黙ったのですが、「それは、この次に」と言って、授業を終わってしまいました。そこで「モーゲンソウが立ち往生した」という情報がたちまち流れ、私は、見知らぬ学生からも、ニコニコと声をかけられたりしました。私は、別に教授を困らせるために質問したのではなかったのですが、学生が溜飲を下げたのも分かり、ひとり苦笑しました。

「論争」を続けて

私の趣旨は、主権国家間であれ、帝国と植民地間であれ、「現状維持政策か、膨張拡大政策か」という選択肢しかありえないという問題設定そのものが、国際紛争の解決を、はじめから困難・不可能にしてしまうだけでなく、戦争や軍備競争などによって双方に不利益をもたらしさえする。これに対して、緊張緩和や紛争解決のためには、当事者の少なくとも一方、できれば双方が、既得権益縮小政策という第三の選択肢をとるという、一見譲歩と受け取られるイニシアティヴをとることによって、実は現状維持政策や拡大膨張政策よりも実益を確保できる場合があるという視点を重視すべきだ、という点にありました。それは、少し歴史的に長い目で利益を追求する知恵であり、フランスやポルトガルなどの植民地支配への固執にくらべて、イギリスの植民地「放棄」がいかに賢明だったかを見れば明らかです。その点をモーゲンソウに質したのであって、のちに彼もそういう思考を受け入れるようになったと、私は理解しています。

ハンス・モーゲンソウの研究室

　そのほか、時折、彼の研究室にアポイントメントを取って行き、議論をしました。東西冷戦だけでなく、歴史的にも国家間政治と革命の問題が重なっている時代については、国内体制の在り方や変革と、国際政治とを全く切り離して、後者を「権力闘争」とだけ見るのは一面的ではないか、国際政治におけるイデオロギー対立には「正統性の争い」があり、「権力闘争」だけではないのではないか、という私の意見を率直に述べました。そこは、モーゲンソウの偉いところで、私が異論を提起して簡単に引かないのを、もちろん賛成とは言わないけれど評価してくれた。何度も「論争」めいた議論を重ねるにつれ、彼は非常に友好的になってくれました。

さまざまな講義

またこの冬学期には、マックニールの「二〇世紀のバルカン史」という講義を聴きました。私は、バルカンのことを全く知らないので、少しは知識を得ようという程度のつもりでしたが、聴いているうちに、この教授はただのバルカン専門家ではないという印象を持ち、当時の、またそれ以後の著書から、彼がスケールの大きい歴史家であることを知りました。こういう大家が、地域史に一学期をあてるということは、当時の日本では考えられなかったことで、移民の国ということもあるでしょうが、アメリカの大学の守備範囲の広さを認識させられました。

春学期には、主としてライトの国際関係研究についての概説を聴講しました。ライトは、温かい人柄で、彼の『戦争の研究』にも見られるように、独創性は豊かではないけれども非常に博学な学者であり、ニュールンベルグ裁判にもかかわっただけに実際的な国際法の知識が豊かな教育者でした。彼は、東京裁判についても知識があり、日本に関心をもっていて、私が日本に帰国してからも、折にふれて手紙をくれました。

その他に、レオ・シュトラウスが各学期にカント、ニーチェなどの古典を読むゼミを開いていましたが、内容が難解であるのに加えて、彼の英語ほどドイツ訛りの強い発音は、後にも先にも私は聞いたことがなく、よく聞き取れないので、途中で断念しました。彼は古典重視の「保守主義者」だとは思いましたが、のちの「ネオコン」のようなリベラリズムの普遍化の推進者と結びつくのかは疑問です。現に、代表的「ネオコン」であるポール・ウォルフォウィッツが自認したように、彼らはシカゴ大学にもいたことのある限定核戦略論者アルバート・ウォールステッターの影響は強く受けたのだと思います。シカゴ大学には、ナチ・ドイツからの亡命者をはじめ、外国系の学者が多くいました。

フルブライト奨学金は、夏前で終わるので、もう一年滞米するために、ロックフェラー財団が援助してくれることになりました。夏学期にはシューマンが客員教授として講義に来るというので楽しみにしていました。彼の『ソビエトの政治』の翻訳を丸山先生に勧められ、京大の猪木正道教授の推薦で、ロシア思想史専門の勝田吉太郎君と一部分一緒に仕事をしたことがあったのでした。この本は、いわば「歴史を旅する紀行文」とでも言うべきスタイルの、当時としては面白い作品でした。しかしシューマンの「アメリカの外交政策」と題する講義は、レトリックが多くて内容は期待はずれで、聴講者が目に見えて減っていきました。

結婚式

春学期が終わる頃、モーゲンソウに、「内政と国際政治の関連を考えるために、二年目はプリンストンに行きたい」と言った時、彼は残念そうな表情をしましたが、「六月初めに、私たちの結婚式をするので、私の父代わりに、ひとこと話してください」と頼むと、喜んで即座に承諾してくれました。

妻は、もともと単身でオハイオのハイデルバーグ・カレッジに留学し、ついで先生方の助言に従い、シカゴ大学で国際関係を勉強することにしたのでした。したがって、私と同じ教室で、いつも顔を合わせており、自然の「ことのなりゆき」で、結婚することに決めました。キャンパス内にあるボンド・チャペルで式を挙げ、妻がインターナショナル・ハウスにいたこともあり、アメリカ人、日本人のほか、ヴェトナム、韓国、ハイチ、ナイジェリアなどからの親しい友人が多数来てくれました。モーゲンソウは、私の父代わりに祝辞を述べてくれました。そのあと、モーゲンソウ宅で、パーティを開いてくれ、この時とばかり、大勢の学生がやって来ました。モーゲンソウ夫人が、「私たちは、ドイツから亡命し、各地を転々としていたので、ウェディング・パーティなどできなかった。せめて、あなたたちのために準備しました」と言われたことは、忘れられません。他方、モーゲンソウは私の側にやってきて、「ショーペンハウエルによると、結婚は墓場のはじまりである」と耳打ちするので、笑うわけにもいかず、困りました。彼らしい、温かいシニシズムによる忠告でした。また、これが祝い事のパーティだったためか、ユダヤ教のラビが招かれていました。私は、日頃、なんとなくモーゲンソウをドイツ人教授のように思い込んで接していましたが、このとき、彼がユダヤ系のつながりを保っていることに気づきました。

結婚パーティにて．モーゲンソウ夫妻とともに

モーゲンソウは五五年に南ヴェトナムの現地を視察し、ゴー・ディン・ディエム政権の独裁と腐敗に対して強い批判をいだき、ヴェトナム戦争は誤りだと早くから考えていました。そして、シカゴ大学に来ているヴェトナムの学生が、帰国しないと身分を失うという、学生の難民化の問題が起こった時、支援活動に協力していました。それは、彼自身、難民としてアメリカにたどり着いた経験があったからでしょう。彼が話す英語には軽いドイツ訛りがありますし、彼の文章は、明晰ですが英語としてはいい文章とは言えない。彼は「アメリカに来た時には英語で苦労したし、主著『国際政治』は、出版

社のアルフレッド・クノップが全部に文章上の手を入れてくれたから出版可能になった」と話してくれました。

その後のモーゲンソウ

私が留学から帰国した後の六〇年代に、彼は二度来日しました。一度目の時、「ウナギは好きだ」というので「神田川」という老舗に行き、畳の上に座りました。食事をしていた時、隣の部屋から三味線の爪弾きが聞こえてきましたが、彼はこの音色に強い印象を受けたようで、後々まで話していました。また、この時、彼は私の娘に小さな人形を持ってきてくれました。

後述するように(下巻第13章)、私は七二〜七四年、UNITARにいましたが、ニューヨークに移っていたモーゲンソウが、時折、昼食に誘ってくれ、彼の好みのレストランで、時事的な雑談をしました。また、その頃、彼はメトロポリタン美術館の斜め向かいの一等地にあるアパートの一角に住んでいましたが、ある日、夕食に招いてくれました。彼の教え子の若い夫婦が来て、その夫人が料理を作ってくれました。小さなテーブルに分かれて食事をしましたが、私たち夫婦とハンナ・アーレントと彼と四人が同席しました。彼らは「ハンス」「ハンナ」と呼び合っていましたが、「ハンス」は料理を出すために始終席を立っていました。雑談中、私はアーレントに、フェミニズムについて、意見をききましたが、彼女はあまり話しませんでした。彼女にとって、二次的な問題だったのか、あるいは逆に彼女が話したくない問題だったのかは分かりません。食後は皆でコーヒーを飲みながら、ハルバースタムの『ベスト&ブライテスト』を素材に、ヴェトナム戦争にかんする、アメリカ政府の判断の誤りの所在について話がはずみました。その翌年、アーレントの死去が報じられたのは、衝撃でした。

日本の神社で結婚式を興味深く見つめるモーゲンソウ

また、この時、モーゲンソウが蒐集した美術品を初めて見ました。エジプトやギリシア風の骨董品が多く、私が「どこかの博物館から持ってきたのではないですか」というと、彼は愉快そうに笑っていました。その中に、私が以前、彼の来日の際に贈った、アンコール・ワットのレリーフの中で最も威厳のある国王の石刷りが、額におさめて飾ってありました。彼は、「マジェスティック」なものが趣味であることは知っていましたので、私の選択が彼の好みに合ったことを嬉しく思いました。そう言えば、ある時彼が、「好きなオペラは誰のか」ときくので、「フィガロの結婚」を愛好する私が「まあ、モーツァルトですね」と答えると、「私はヴェルディだ」と言ったことがありました。

七四年、ニューヨークにいた私の家に招待した時、壁の隅にかけてあった、ベンジャミン・フランクリンの言葉「善き戦争のありしことなく、悪しき平和のありしことなし(There never was a good war or a bad peace)」を見て、「こう思うか?」と訊いたので、「半面の真理です」と答えたら、彼はニコッと笑って、今まで見たこともない満足げな優しい顔をしたのを覚えています。彼の「リアリズム」が、単純な「力の政治」の主張ではなく、具体的な文脈のなかで、道義的な要因を含めて判断する立場であることを、よく示した表情でした。

プリンストンへ

ところで、私のフルブライト奨学金は六月末で終わり、結婚式の出費などのため、妻とふたりの預金が五ドルしかなくなった時もありましたが、間もなくロックフェラー財団の研究費が来て、無事に夏を越しました。

夏学期の終わりに、五〇ドルで学生から中古車を買い、トムが運転を教えてくれたので免許を取り、プリンストンへ、ボロ車で移りました。

プリンストン大学のアメリカ色

プリンストン大学の雰囲気

プリンストンでは、当てにしていた分野の教授が、二人とも休暇の年だったため、政治地理学のスプラウト教授が世話役を引き受けてくれました。亡命教授の多いシカゴ大学に比べると、教授も学生も白人のアメリカ人が圧倒的に多数であり、また欧米志向が強く、アジアへの関心はきわめて希薄でした。しかも当時はまだ男女共学でなく、保守的な雰囲気でした。キャンパスは美しく、ゴルフ場の向こうには高等研究所があり、時にケナンの姿を見たことがありましたが、彼は大学での講義はしていませんでした。

立派なウィルソン図書館に、ダレス文書があるのが魅力で、まずい字で書かれた吉田茂のダレス宛の個人的な手紙などもありましたが、重要文書は非公開でした。プリンストンで最も世話になったのは、社会学のリーヴィでした。彼は典型的な近代化論者でしたが、たまたま日本の「近代化」に関心を持ち、妻が彼の日本語学習の助手を引き受けたため、気を配ってくれました。彼は、のちに鶴見和子さんの博士論文の指導をした人物です。彼の授業に顔を出すと、「アメリカ人は白人種が黄色人種に優越していると思っているが、日本のアイヌ人は白人系であり、日本人の方がはるかに近代化していたのだ」と学生に話し、奇妙な論理で気を遣ってくれたりしました。

学内に国際研究センターというのがあり、所長は、対日講和に国務省でかかわり、当時アメリカではほとんど唯一の、この主題の本を書いたダンでした。リーヴィの仲介で、日本の対米意識について私がペーパーを書くよう依頼されました。私は、シカゴ大学に比べて、はるかに保守的なプリンストンの人々に理解は期待していなかったので、占領軍の「逆コース」、再軍備、基地問題などの経緯について、率直な批判を書きました。ダンは愉快でなかったようですが、リーヴィは、こうした見解も一つの事実として参考にすべきだと、取り繕ってくれました。私がウッドロウ・ウィルソン・スクールに属していたために、政治学部にいて、のちに親友となるリチャード・フォークとは、まだ面識がありませんでした。

なおプリンストンの町も、白人系アメリカ色が強く、ある時、床屋が「東洋人の髪の毛は硬いんだ」と嫌味を言いながら髪を切っているので、通常の二倍のチップをテーブルに叩きつけて出てきたことがありました。しかし私が、露骨に人種差別を受けたのは、この時だけでした。

少数派としての権力政治理論

五七年三月、モーゲンソウが配慮して、コロンビア大学での「国際関係の理論」というセミナーに招待してくれました。私は、ニーバーの「内政と国際政治における権力とイデオロギー」という短いペーパーにコメントをする役を振り当てられました。多分、モーゲンソウの推薦だったのでしょう。私は、「イデオロギーと権力政治とは同じレベルで並列するものではなく、イデオロギーによる正統化が欠如すれば権力自体が崩壊する」と述べたが、ニーバーは「君は若いね」という表情をして、とくに反論はしませんでした。このセミナーは、第一日目は、モーゲンソウ、ニーバー、ニッツィ、ホストのフォックス、助手のケネス・ウォルツだけの小さな集まりで、ケナンは都合で欠席でした。そこでの空気は「アメリカでは、権力政治理論の観点から国際関係をとらえるのは、依然として少数派だ」という危惧であり、冷戦を善悪で考えるアカデミックな多数派への憂慮でした。国際関係は権力政治だという、ヨーロッパでの常識を広めるために、アメリカでは未だ少数派として闘う必要があるという意識が、私にはよく見て取れた会でした。

また翌日のシンポジウムでは、キンドルバーガーの発言が光っており、「もし誰もが、一目を置くべき存在だとしたら、誰も一目を置くに値しない(If everybody is somebody, nobody is anybody)」と「希少価値」の社会的意義を簡潔に指摘したのが印象的でした。なお、これを機会に、私は同年輩のウォルツとは、カントについての彼の著作を高く評価したこともあり、互いに大先生の助手格として親しみを持ち、その後も手紙のやりとりをしましたが、次第に考え方の違いが明らかになり、疎遠になりました。

豊かなアメリカの暗部

プリンストンの長所は、ニューヨークに電車で小一時間で行けることで、当時はカーネギー・ホールを中心に催されていた、コンサートやオペラを楽しみました。夜一一頃にオペラが終わり、ペンシルヴェニア駅までゆっくりと歩くのが快く、

その頃は、犯罪の危険など全く感じませんでした。実際、世界の中で抜群の富を誇り、シカゴでもニューヨークでも新しい高層ビルが次々に建てられていく当時のアメリカは、日本から来た私には、輝いて見えました。ただ一度、セントラル駅の横で、垢にまみれた厚手の服を着た、ぼさぼさの頭の初老の白人系らしい女性路上生活者を見た時には、これほど豊かなアメリカで、どうしてこのような人が放置されているのかと、強い違和感をもちました。

しかし、それは壮麗なビルが立ち並ぶマンハッタンの中央だから、不釣合いな光景でしたが、五五年末のシカゴ大学でのクリスマス休暇に、バス旅行で訪ねた南部での黒人の居住地では、珍しい情景ではありませんでした。この時、クリスマスに帰郷する夫妻の車に、教会関係の手配でケンタッキー州のルイヴィルまで乗せてもらい、そこから南部行きのバスに乗りました。そこで、席の切符だけでなく、チェック・インする荷物まで、白人専用と有色人種用の受付口に分かれているのに愕然としました。預けるスーツケースに、黒白の色分けがあるわけではあ

りません。バスは遠距離の旅の最も安い手段でしたので、乗り込む黒人は、自分の車を持てない、一見して下層の貧しそうな人々でした。人種差別が制度として、厳然と存在していたのです。

また、シカゴ大学の寮から南へ少し行くと、荒廃した黒人のスラム地域があることは、よく知られていました。大学では、夜になると「キャンパス・ポリス」が、まめに巡回していた。私自身、夜遅く、シカゴの中心部から電車で帰り、人気のない駅から暗い道を帰る途中、突然横道から出てきた、酔って少しふらついた男がピストル状のものを向けてカネを要求したので、全力で脱兎の如く走って、寮に逃げ込んだことがありました。すべて、「輝く」ように見えるアメリカの暗部でした。

ヨーロッパからの船旅

ヨーロッパの「常識」

東海岸のプリンストンまで来たのだから、帰国はヨーロッパ経由がよいと、ロックフェラー財団にいた、モーゲンソウとの共著編集者でもあるトンプソンも勧めてくれ、モーゲンソウは親しいヨーロッパの学者への紹介状を、いくつも書いてくれました。そこで、私たちふたりは、まず、アメリカン・フレンズ・サーヴィス委員会の推薦により、パリ郊外での国際セミナーに参加することにしました。ここで、全面的な分断前の東ベルリンから来た若い夫婦や、独自の共産主義国ユーゴスラヴィアからの数人と話したのは、興味ある経験でした。ここに講演に来た著名な評論家メンデが、東西はイデオロギーでは両立できないが、パワーの観点に立てば妥協と共存が可能だという、モーゲンソウと似た議論をしていたのは、ヨーロッパの「常識」についての私の想定を確認するものでした。アメリカと違って、フランスやイタリアのように強力な共産党を内部にかかえているヨーロッパでは、「共存」の必要が国際政治だけでなく、内政にも根拠があったと言うべきでしょう。

このセミナーは、パリから車で一時間ほどの田舎の旧修道院で行われたので、ある日、休憩時間に畑道を散歩していると、アジア人を見慣れない農夫が「どこから来たのか」と尋ねました。「日本からです」と答えると、「ああ、ヒロシマの国だね」と言うので、このような田舎にいる農夫も「ヒロシマ」を知っていることに、強い感動を覚えました。

ロンドンでの日々

その後、ロンドンに行き、二カ月ほど、ロンドン・スクール・オブ・エコノミックスで、主としてワイトの講義を聴いたりしました。彼は、その年に「マキャヴェリズム」という題で初めて英訳がイギリスで出た、マイネッケの『国家理性の理念』

を敷衍しながら、彼の国際政治観を述べましたが、「政治はサイエンスにはなじまないので、ポリティカル・サイエンスなど成り立たない」と言ったのが印象に残りました。アメリカでは、まさに政治学の「科学」化の議論が盛んでしたし、マイネッケなどは、ドイツからの亡命学者の間以外では、話題にもなっていなかったからです。また、アメリカでは行動科学的な視点から、人間を「パーソナリティ」と呼ぶ学者が多かったのに対し、ここでは、「ヒューマン・ネイチャー」という「非科学的」な言葉が講義で使われているのも興味深い点でした。

また大英博物館の図書室で、バークの手書きのメモや書簡を見て、判読の自信をすっかり喪失したのでした。他方で、ウェストミンスター国会議事堂の中のスティーヴンス・ホールという厳かな一角に、バーク、フォックス、ピット(子)という、私の論文で取り上げた時代の議会の主役であり、論敵であった三人が演説をしている姿の堂々たる立像を見た時には、言葉の戦いを通して議会制がつくられていく過程が目に見えるようで、感慨を新たにしました。

下宿はケンシントン公園脇の家の二階でしたが、毎朝、階段の滑り止めの真鍮をお手伝いの女性が這うようにしてピカピカに磨くのが習慣になっており、イギリスでのしきたりの根深さを感じさせました。他方、妻が発熱した時、医師に往診してもらったのですが、「外国人でも無料」と言われて、先を行く福祉国家に驚きました。

ロンドンに滞在中の五七年一〇月、ソ連の人工衛星スプートニクが飛行に成功し、衛星が発する周期的な「ビー、ビー」という音がBBCラジオで放送されました。英国はもとより、ロケット開発で初めてソ連に遅れをとった米国で、深刻に受け止められ、教育の在り方への反省にまで議論が及んだ、という報道を読みました。兵器開発を含む科学技術の発展で、ソ連を引き離して「世界一」という思考に慣れた米国の驕りに鉄槌を食らわせたのは意味があると思いましたが、米ソの軍備競争が大気圏外に及ぶ時代がきたことには、恐怖を感じました。

なお、これは七〇〜八〇年代のことになりますが、私のゼミにいた毎日新聞の黒岩徹君が、ロンドンに腰をすえており、私が英国での会議などに行くたびに、英国内の各地への旅の手配を鮮やかにやってくれました。中でも八三年、スコットランドの古戦場グレンコウを過ぎ、スカイ島から、月面のような索漠としたハリス島まで船で行ったこと、また旅行社のバスの運転手が「ナショナリスト」で、珍しい樹木や花などの名を、必ずスコットランドのゲーリック語で教えてくれ、イングランドとの対立の歴史がまだ生きていると知ったことは、忘れられません。また、ロンドンの新聞社が集まっているフリート・ストリートに接するフェッター・レーンに、一八世紀に新聞の自由を強く主張し、国王にあてつけたポルノも書いた、急進的ポピュリストの問題児ジョン・ウィルクスの銅像が建っているのは、英国らしいユーモアを感じさせました。

分断ベルリンでの緊張

さて留学帰りの旅に話をもどすと、ロンドンから再び大陸に渡り、ハイデルベルク大学などを訪ねた後、ベルリンに関心があったので、前述したパリ郊外でのセミナーで親しくなった、東ベルリン在住の若夫婦に会いに行くことにしました。

当時の西ベルリンは、ソ連の占領地区の中の離れ小島だったので、四八年の「ベルリン空輸」で知られたテンペルホーフ空港に飛びました。まだ「壁」のない時だったので、地下鉄で東ベルリンに往復できました。破壊されたままの住宅が多いので、若夫婦は一戸を三所帯に分けた狭い部屋に住んでいました。是非私たちにご馳走したいが、「東ベルリンには、ブダペスト、ブカレスト、ワルシャワの三軒しかレストランがない」ということなので、適当に、「ブダペストがいい」と言って案内されました。メディア勤めの彼が身分証明書を見せると、食事を持ってきましたが、粗末でした。五人ほどの党幹部らしい、もう一組が、私たちを「コレア人だ」などと言いながら、やはり不味そうな料理を食べていました。特権がない限り入れない、不粋な食堂でした。国営オペラ座や、その先の桁違いに巨大なソ連外交機関の建物は、現在も残っています。しかし、店のウィンドウには、ほとんど品物がなく、あちこちに廃墟が残骸をさらしたままになっていて、西ベルリンに比べると、暗い印象でした。

翌日、友人夫婦が、西ベルリンでのクレンペラー指揮のコンサートを一緒に聴きに行こうというので、西側の地下鉄の駅で待ち合わせました。夫人は来たのですが、夫が勤め先から、なかなか帰って来ないので、夫人も私たちも次第に不安が募ってきました。しかし、姿を見せません。一時間もした頃、仕事の都合で遅れた彼が現れて、互いに抱き合って喜びましたが、一応東西の往復ができた当時でも、こうした不安と緊張が人々を脅かしていたのです。

その後、ジュネーヴの国際関係研究大学院で、モーゲンソウの紹介で、フレイモンや国際経済学のレプケに会いました。フレイモンはレーニンについての著書もある人で、イデオロギーと権力政治を重ね合わせて考えるというアプローチで、ソ連のことも割合よく知っており、参考になりました。ジュネーヴの後、マルセイユに向かいました。

中東の遺跡

マルセイユで、日本郵船の貨客船「浅間丸」に乗り、日本まで約三五日の航海を始めました。貨客船は、一〇人ほどしか客を乗せないので待遇はいいのですが、荷物の運搬が優先的な目的なので、積荷のあるところだけに停泊するのです。まずアレクサンドリアに行き、積荷に必要な二日ほどを利用して、乗客といっしょにカイロに行き、あの不可思議なピラミッドなどを見た後、私と妻は、レバノンにいる知人に招かれていたので、カイロからベイルートへ飛びました。

平和だったベイルートは、中東のパリと呼ばれるのに相応しい、美しい都市でした。そこから知人と一緒に、ベッカー高原のバールベックの遺跡に向かいました。古代ギリシアの高い石の円柱が並んだ殿堂の一部が、廃墟の中に置き忘れられたかのように原形のまま立ち尽くしている。かと思えば、他の方角にはイスラム教徒軍が築いた城壁が残っていますが、その土台を堅固に造るために、ギリシア建築の大理石の柱が横に積み重ねられているのです。ギリシア・ローマ建築を素材にして、イスラム軍の要塞が築かれたもので、大理石の円柱が無残に横倒しにされて、城壁に差し込まれたような姿を呈している。戦争の勝者が変わるごとに、以前の建造物が破壊され、新たな拠点の土台に使われているのが一目瞭然でした。

発掘作業を続けている人々もいましたが、その話では、今掘り出しているのは、フェニキア人の遺跡だという。ここでは、異なった神、異なった文明が、敗者が下に、勝者が上に、層をなして歴史を遺しているのです。三大陸の接点をなす中東の歴史のすさまじさには、圧倒される思いを禁じえませんでした。

ついで東にダマスカスを目指し、続いてアレッポに向けて車を走らせました。日はすっかり暮れ、街灯などない闇の一本道を走るのですが、四方は砂漠のような荒地が果てしなく続く中を、この一本の直線道路だけは舗装されていて、かなりのスピードで走行できる。これは、自分たちに必要な一本道だけを造った、植民地支配者の遺産なのだと痛感しました。

船の運行予定があるので、ダマスカスをゆっくり見る時間はなかったのですが、一五世紀初め、ティムールが占領し、多数の人間を奴隷として連れ去ると同時に、残った住民を大量虐殺した跡が「首の塔」と呼ばれる赤い血のような色をした小高い丘になっているのは、強く印象に残りました。アレッポで一泊し、ついでラタキア港で、綿花を積むために寄航していた船に帰りました。その頃、シリアとトルコの間に紛争があり、この地域は戦車などが出て、ものものしい空気でした。紛争と流血の多い地域だということが、最後まで念頭を離れませんでした。

スエズ運河にて

ラタキアで綿花を積んだ船が、スエズ運河を通過する時、待ち時間があるので下船してみました。前年一九五六年にエジプトによるスエズ運河会社の国有化が行われ、それを認めない英仏とイスラエルが侵攻し、失敗に終わった事件がありました。スエズ運河の入り口で会った護衛兵が、見るからに古い銃をかざしながら、「これで、イギリスの戦闘機を撃ったんだ」と得意げに言っていました。彼の銃弾が当たったかどうかは疑わしいのですが、彼にとって、イギリス軍に向けて銃を撃ち「撃退」したことが、いかに重大で誇らしい出来事であったかは、彼の興奮した口ぶりから分かりました。「お前たちはロシアに勝ったんだから、おれたちも、やるぞ」という、この中年の兵士の自尊心から、私は、ナセルを中心に盛りあがった反植民地意識の根深さを痛感しました。日本からの援助で、ゼネコンが運河を深くする工事をやっていたので、日本の評判がいいようでした。

日露戦争での日本の勝利を讃える話は、その後も、アフリカやインドなどで何度か聞きました。「あなた方から見れば、アジア人が白人の国に勝ったことが、ヨーロッパ植民地主義反対という観点から評価されるのは分かるけれど、あの戦争は同時に朝鮮という他のアジアの国を植民地化したのだ」というと、「そんなことあったの？」という反応で、複雑な気持になりました。

日本軍占領地の傷痕

その後は積荷の必要がないので、インド洋を横断し、マレー半島のポート・スウェッテンハム（現在名はポート・クラン）という、クアラ・ルンプールの外港に寄りました。当時は、ひなびた村落が地域一帯に残っていましたが、今は、重要な商港に一変しているようです。ついで、シンガポール、香港、そしてマニラに寄りました。マニラでは、シカゴ大学での妻の友人が市内を案内してくれましたが、かつて日本軍が「反日分子収容所」として用いたアテネオ・デ・マニラ大学に立ち寄った時、友人は何も口にしませんでした。ただ、建物の外壁に銃弾の跡が無数にあり、私がアジア太平洋戦争での日本軍の占領地の傷痕を目にしたのは、これが初めてでした。それ以来、「アジアの人々に対する戦争責任」

という言葉を聞くと、まず、このアテネオの前で沈黙していた友人を思い出すのでした。

第7章　平和問題への取り組み

六〇年安保反対のデモ行進に参加．手前が福田歓一さん

国際政治の講義の視点

最初の講義

五七年一二月に帰国し、五八年の冬学期から「国際政治」の講義を始めることになりましたが、岡先生の配慮で、初めの講義は週一回、二単位でよいことになりました。予行演習の時間をいただいたのは、有り難かったのですが、講義の構成について見当がつかない状態で始めました。何を話したか、よく覚えていませんが、基本的には、最大の課題である「冷戦構造」をどうとらえるかを念頭に置きながら、当時、一方で「力の均衡」「力の真空」、他方で「国連中心主義」など、通俗的に使われていた言葉を批判的に検討することも試みました。記憶に残っているのは、「国連中心主義というのは、幻想であるか、イデオロギーであるか、どちらかです」と言ったとき、学生が一斉に苦笑の声をあげたことです。私の趣旨は、国連は「場」であって実体化すべきではないと同時に、当時の国連は圧倒的にアメリカの支配下にあったから、国連中心とは「アメリカ中心」を一見理念的な言葉で正当化するものに他ならないということでしたが、学生も薄々疑問を感じていたのでしょう。

「国際政治」から「世界政治」へ

翌五九年から週二回四単位の授業になり、人間社会での紛争の構造、国際平和に関する思想の歴史などを背景に置きながら、冷戦における米ソの国内体制と国際政治との連繫、南北の支配と格差の構造などの特質を述べるように努めました。他面、国際政治にはアナーキーの下での権力闘争という、ホッブズ的自然状態の側面もあるので、そこに生まれる「囚人のディレンマ」的な軍備競争や「抑止」の悪循環を超えるためには、少なくとも一方的なイニシアティヴから始めるという政策が必要であることを指摘し、またそうした変革のために世界秩序の周辺からの構造変革が重要であることなどを述べましたが、不満足に終わりました。それ以後も概論の性格を持たせながら、独自の視点を体系的に打ち出すことは、終始不首尾であったと思わざるをえません。ただ私は、国際政治を国家を主体に論じるだけでなく、「グローバル」な視点で語るように努めました。そして、東大での私の最後の講義を行った一九八八年の初めには、私の思考の中心課題であった冷戦体制そのものの終焉が明らかになりつつあり、国際政治についての認識の枠組みも、東西対立ではなく「世界政治」の観点から、大きく変えなければならなくなったのでした。

私の講義で多少独自性があった点を強いて言えば、当初からナショナリズムについて、ルナンを引用して、政治に不可避な「擬制」であると同時に「虚構」という二重の意味でのフィクションであり、のちの言葉で言えば「想像の共同体」であることを指摘したこと、また比較的早くから国際政治の要因の一つとして、世界の人口構成の変動をあげ、長らく白人種が支配していた世界で、非白人種が時とともに増加率を高め、両者の権力関係の変動や逆転が近い将来に起こること、また、まさにそれへの不安と恐怖から、歴史に対する反動が人種差別として続くだろうことを述べたのは、的外れではなかったと言えるでしょう。また、七〇年代初めから、エコロジーの問題の国際政治的な重要性を指摘したのも、当時としては先見的だったかもしれません。

戦没学生への思い

私は、学生に戦争と平和の問題を身近に考えてもらうために、「いま、あなたたちが座っているところと同じ席で勉強していた学生で、戦争に行ったままで帰らなかった人がいるのです」と時折言ったことがあります。そして、法学部の戦没学生の名前を記した石板を、教室の壁の一角につけたいと考え、定年の数年前、学部長に提案しました。事務局員の中に、趣旨に賛成して、戦死したかどうか分からないが復学せず、行方不明になった学生の消息を確認する作業を、熱心にしてくれた人もいました。しかし、国有財産に、ものを埋め込んだりするのは認められないということで、結局実現しませんでした。戦後、法学部で三十余年、国際政治を担当した者として、その時の残念な気持は忘れられません。医学部でも、同様な提案がなされたことがあったが、これも許可されず、弥生門の前の通りの、大学の外壁に付属した私有地に、戦没医学部学生名が刻まれています。

図書援助と教授招聘

なお政治学関係では、六一年、ロックフェラー財団のトンプソンが来学されたので、岡先生の依頼で、私は、日本では天皇制が信仰の対象であって、学問的分析の対象になりにくかったこと、また戦中と戦争直後の外国文献が法学部研究室の書庫には欠けていることなどの障碍のため、政治学の発達が遅れている事情を話しました。トンプソンはモーゲンソウの後輩で、温厚篤実な人柄の学者であり、支援の約束をして帰られました。その後、岡先生の代理として彼との通信を私が引き受け、交渉をした結果、六二年から三年間、岡先生を代表とする東大の政治学グループに、図書費として毎年一〇〇〇ドルを超える、当時としては多額の援助を提供するほか、日本側で希望する外国の学者が各年三カ月間訪日する費用を全額負担するという、寛大な措置をとってくれました。そこで占領体制研究会(占体研)という受け口を作って図書を購入したのですが、外国でも今日のように図書目録が完備していなかったため、図書選択には苦労しました。

招聘教授としては、一年目に比較政治のアーモンドを招きました。彼には『アメリカ国民と外交政策』という著書もあり、米国以外の政治文化にも目配りをしている人なので、主に斎藤眞さんと私が世話役をつとめました。二年目には、外交史の分野の人ということで、『真珠湾への道』の著者ファイスを招聘しました。彼は国務省文書に特別のアクセスを許された人物で、現代史に関心があるので、岡先生の紹介で、岸信介前首相と、芳沢謙吉元大使の聞き取りを行い、私が同行した。その時感じたのは、「オーラル・ヒストリー」はすでに米国では行われていたのですが、日本の場合、そういう習慣がないせいか、まだ政治・政界に関与する「色気」のある人は、用心深く、公表ずみのありきたりのことしか言わないし、現役とすっかり縁を切った人は、高齢もあって、記憶が不正確になりがちだということでした。三年目は、岡先生の希望で、ジョルを招き、充実した対話が行われたとのことですが、私は米国に行っていて不在でした。

「中立日本の防衛構想」へ

冷戦と核戦争の脅威

ロシア革命以降、東西のイデオロギー対立が続いていましたが、第二次大戦までは、アメリカもソ連も、それぞれの形で「孤立主義」(ソ連の場合は「一国社会主義」)の傾向を示していた。第二次大戦の終結時に、アメリカは世界の最強国として国際政治の一方の極をなし、戦争で人口の一〇人に一人を失いながら、ソ連も戦勝国として、もう一方の極として対峙するようになりました。そして、アメリカが一九四五年に、ソ連がその四年後に原爆の開発に成功し、米ソ関係は、イデオロギーと国際権力政治とが重なり合った、「冷戦」と呼ばれる二重映しの対立になり、人類は「核戦争の危機」という未曽有の脅威に直面するに至ったのです。

このような状況のなかで、東アジアでアメリカの最前線に立たされた日本は、どのようにすればこの地域の緊張緩和と平和に寄与することによって、生き延びることができるのかが、講和をめぐる重大な争点となったのです。

アジア太平洋戦争が終わり、私が、いわば「過去となった戦争」が心に遺したものと取り組みながら、新しい生き方を模索している間に、四八年には、「二つの世界」の対立が米当局者によって公言されるようになり、占領政策の「逆コース」が疑いなく身近に迫ってきていました。あれほどの犠牲を払って、ようやく達成された平和が、またしても揺らぎ始めた現実を前に、平和への選択肢を模索する私には、政治的危機感と個人的無力感が深まっていました。

全面講和と「平和問題談話会」

そうした折に、四九年末、南原繁東大総長が、訪米先で米ソを含む「全面講和」を敢然と主張されたことは、一学生である私にとって、わが意を得た思いで力づけられるものでした。吉田茂首相は、これを「曲学阿世」と非難しましたが、それが「世におもねる」ものだと言うのは、世論が全面講和を望んでいると認めたことに他ならなかったとも言えます。

しかし、五〇年六月二五日、朝鮮動乱の勃発をラジオで聞いた時、「ついに東西の戦争が始まった」と、慄然とする思いでした。それに続く「警察予備隊」という名の再軍備やアメリカ主導の講和の問題について、労働組合などを中心とする反対「運動」は盛り上がったのですが、それを裏付ける「理論」が不足していました。それを克服する試みが「平和問題談話会」でした。とくに『世界』の五〇年一二月号に発表された「三たび平和について」は、政治的現実そのものの可塑性と可変性を強い説得力をもって訴えた論考でした。平明なこの文章のもつ迫力は、むしろ筆者の知的苦闘の所産だったと思います。

ある時、丸山先生はこの文章の執筆時を想い起こしながら、「核時代には、理想主義こそ現実主義である、と言い切るのは苦しかった」と私に言われたが、こうした内面的苦闘こそ、あの文章が多くの人に訴えた力の源泉だったと私には思われます。

「中立日本の防衛構想」

知的作業が世論形成に大きな影響をもつことは、丸山先生の下で勉強することになった私にはよく分かっていましたが、私自身は、一市民としての責任感はあっても、そうした言論人的な役割には適性も関心もなく、留学から帰国後も、ジャーナリズムとは無関係でした。しかし、一方で「警職法」、他方で「砂川基地反対闘争」が、鋭い緊張を生み出す政治状況のなかで、これは私の推測ですが、吉野源三郎さんと丸山先生との会話の中で、米国から帰った国際政治専門の「若手」としての私への期待が語られたのでしょう。五九年の『世界』六月号に、篠原一さんに対談の相手として誘われたのが始まりで、その二カ月後には、「中立日本の防衛構想」という論文を寄稿することになり、私とジャーナリズムとの長いかかわりの端緒となりました。

中立日本の防衛構想
――日米安保体制に代るもの――

想像力を喪失した政治が、かえって、いかに非現実的であるか。「恐怖の均衡」を弄ぶ国際政治の渦中に、日米安保条約を改定する危険を明らかにし、核時代に生きる日本のあるべき姿を構想する

坂本義和

「錯誤による破滅」

今から一年ほど前のことだが、一つの怖るべき挿話が報道されたのを記憶しておられる読者も少なくないことだろう。すなわち去年の四月十八日ソ連のグロムイコ外相は、UP通信の報道によって洩れた米軍の機密に関する情報に基づいて、次のような声明を行なった。もちろんこの声明の中にも反米宣伝用の修辞が随所に盛り込まれているのは当然だが、今そうした部分をできるだけ削って、核心に当るところを引用してみよう。

「原水爆を積んだ米空軍機は、米国のいわゆる警戒網の探知施設に正体不明の物体が映るたびにソ連国境に向って飛び立っている。米国の警戒担当者は、正体不明の物体を誘導弾または弾道弾と見なして出撃させているが、こうした行動は平時には従来全く例のなかったことであり、しかも米空軍爆撃機は電波干渉による映像ないしは流星を誤認して出撃させられていることは明らかだ。米軍首脳部は、従来米空軍機は警報が誤りであることがわかり次第、中途で基地に引返していると弁解している。しかし……もしソ連が米空軍と同様な行動に出たら事態はどうなるか。とにかくソ連のレーダー網にも流星や電波干渉による映像が現われているのだ。こうした状況下に、もしソ連の原水爆積載機が米本土と米国以外の米軍基地とに向って飛び立てば、両国の爆撃機は極地上空で相互の姿を見つけ、互いに敵の攻撃が既に始まっ

31 ―― 中立日本の防衛構想

『世界』1959年8月号に掲載された論文「中立日本の防衛構想」

実際に、原稿をとりに来たのは、岩波書店に入社間もない安江良介さんで、デモの帰りなのか、泥まみれのドタ靴をはいて現れました。当時、私は電話を持っていなかったので、安江さんは何度も足を運びましたが、それが、以後四〇年に及ぶ、同志的行動の始まりでし

た。

私が当時の政治評論や野党の主張を見て不満足に思ったことは、政府の政策への反対は明確であっても、ではどうすればいいのかという、オールタナティヴの構想が、著しく乏しいという点でした。それは、ことに日本の安全保障についての議論に顕著だと考え、あえて「中立日本の防衛構想」という形で現状分析と提言とを行ったのでした。それ以来、私は現状批判をする以上、現状に代わる構想を、直ちに述べるかどうかは別にして、常に考えた上で発言することに努めてきました。

しかし、「非武装中立」を大義として掲げる革新勢力にとっては、「防衛構想」という観念自体が容認しがたいものと受け取られ、本来、政府の政策に対する代案を提示する任務を負っているはずの社会党などには、私の提言は不評でした。もちろん私の提言そのものを受け入れる必要はないにせよ、政策的代案を構想する努力を怠ったことは、のちに革新勢力が弱体化していく要因になったことは否めないと思います。他面、「非武装中立」という理念を堅持しつつ、それを単なる建前としてだけではなく、政策として具体化する必要を感じている人々は、私の提言を一つの建設的な問題提起として受け取ってくれました。

「中立」といっても、政治体制の点では、五六年のフルシチョフによる「スターリン批判」をまつまでもなく、独裁者による大規模な粛清を許すようなソ連の体制には、私は強い反発を感じていた。中立化したら必ずソ連が侵略するとは言えないことは、スウェーデンなどが示しており、私は日本の領土、領海、領空の内にとどまる「純防衛」の部隊の創設を考えるべきではないかという意見でした。しかし、それにしても、もし侵略されたらどうするか。当時、イギリスなどで、「赤化か、死滅か(Red or Dead)」、つまりソ連に降伏するか、対ソ核戦争で死滅するか、という問題提起がよくなされました。ここには、ソ連との共存と核軍縮という選択肢が落とされており、問題設定自体に問題がありますが、当時の切迫した危機感を表していることは間違いない。私は日本について、この二つの選択肢の間に、中立化と非核化(必ずしも非武装ではない)がありうることを提示したのです。日本が米ソ核戦争で死滅する危険を冒すよりも、もし「赤化」したら、非協力・不服従抵抗に訴えつつ生き延びれば、必ず「解放」の日がくるという考えでした。それは、のちに東欧諸国の市民によって実証されたことです。もし核戦争の場になっていたら、東欧は凄惨な廃墟と化し、無数の死者を出していたでしょう。

「赤化か、死滅か」を超えて

また私の提言の基底には、日本の安全保障を日米安全保障というバイラテラル(実質的には米国中心のユニラテラル)な同盟と等置するのでなく、より国際的でマルティラテラルな安全保障とリンクする道を探るという発想があり、それは、日本の「平和憲法」の精神の具体化にほかならないという判断がありました。そこに、五六年のスエズ紛争に当たって、国連憲章上、予想も規定もなかった平和維持部隊(PKO)が創られた、その創造性を日本の平和維持に生かす構想を探求しようというのが、呼びかけの本意でした。また、単なる一国主義的「非武装中立」では、米ソのどちらにとっても、中立侵犯が容易になり、かえって紛争を誘発する危険があるのではないかという危惧も私にはありました。

国際問題談話会

安保改定問題が重要な争点になるなかで、平和問題談話会は、メンバーの高齢化などもあり、解散することになりました。そこで、その志を継ぐ次の世代を中心にした「国際問題談話会」がつくられ、平和問題談話会からは、丸山眞男、久野収、都留重人、中野好夫、清水幾太郎などが参加されましたが、共同作業のイニシアティヴは、福田歓一、日高六郎、加藤周一、斎藤眞、小林直樹、石田雄、石川滋、石本泰雄、中村隆英、隅谷三喜男、篠原一、それに私などに任され、『世界』五九年一〇月号に「政府の安保改定構想を批判する」という共同討議の成果を発表しました。その際も、私などの希望を入れ、「安保体制に代わるもの」という一章を加えました。

こうした「政治活動」を始めながら、私には、世界の東西対立における「革命と反革命」という問題意識は続いていました。同じ頃、バークの次世代ともいうべきメッテルニヒを取り上げた「ウィーン体制の精神構造」を研究会で報告し、六一年に、南原先生古稀記念論文集に収めていただきました。政治理論史や精神史の研究に専念された南原先生の関心を軸にした、福田歓一編『政治思想における西欧と日本』に収録されるには、俗世の狡知を体現する権力政治家の思想など、きわめて不向きだと忸怩たるものがあり、南原先生がどう評価されたかをうかがう勇気もなしに終わりました。ただ、岩永さんには、バーク、メッテルニヒに続けて、次はビスマルクを取り上げるように励まされましたが、その期待に応えられなかった自分の非力を痛感するばかりです。

「核時代」という歴史意識

『原爆の子』の衝撃

他面、私には、革命・反革命だけの時代とは異なった現代、つまり「核時代」という時代意識と危機感が深く刻み込まれていました。

核時代が何であるかについて、私の心に衝撃的な自覚を喚起したのは、五一年の秋に出版された『原爆の子』でした。私が原爆について初めて聞き知ったのは、一九四五年八月八日頃で、「新型爆弾が投下された。白い衣服を着ていると被害が少ない」などと大本営が言い、新聞がそれを伝えていました。しかし、理科系の知識がなかった私には、占領下に情報の規制が行われたこととあいまって、新型爆弾とは何だか分からなかった。それの残虐な殺傷力や破壊力を痛感させたのは『原爆の子』で、飾らない子どもの目で見た被爆の記録であるだけに、痛々しい迫力がありました。それまでにも、四八年の「ストックホルム・アピール」など、ソ連系の世界平和委員会や共産党系の学生が中心ではあったものの、国際的に広汎な支持を集めた反核署名活動などがありました。しかし『原爆の子』は生々しい様相を伝え、とくに、翌五二年八月六日『アサヒグラフ』が初めて公表した原爆被害の写真は、凄惨でした。この写真は、今日のテレビ画像に匹敵する強烈なインパクトを世論に与えたのです。

それを見た私の第一印象は、主権国家の終わりが始まったということでした。主権国家は、いざとなれば戦争をして生き残ることを目指す政策を常識としてきましたが、原爆を戦争に使うことが国家間で行われるようになれば、人間を殺しつくしてしまうことになる。それは戦争を手段として生き残るという形で、主権国家が戦争を当然の属性とする時代の終わりの始まりを意味するという強烈な実感でした。

次いで五四年のビキニ水爆実験の犠牲となった第五福竜丸の事件を契機に、核実験反対の運動が、全国に広がりました。まさに「国民的な運動」でした。その頃から、私は、核兵器反対こそが、戦後日本の新しいアイデンティティの核心であり、「反核」こそ日本の国際的使命だと確信するようになったのです。その意味で、私には初めから、米国を非難するという気持はあまりなく、日本対米国というような国家意識を通り越した時代の到来に慄然とし、それに対して日本は何をなすべきかを考える切迫感を懐いたのでした。この課題と取り組むことを、日本の新たなナショナル・アイデンティティの基礎として、社会的発言を行うようになったのです。

「反核」という日本のアイデンティティ

五〇年代から六〇年代にかけて、外国の研究者と会うことが多くなりましたが、非常に親しい人でも、この核兵器に対する被爆感情と終末感は伝わらないという経験が実に多かったのです。「お前は日本人だから、そう言うのだ」という受け取り方で、自分の問題、人類の問題として受け止めてくれない。私が、戦後の日本人のアイデンティティは「ヒロシマ・ナガサキ」に基づくものだと感じ、発言するようになったのは、この経験に結びついています。核時代は、世界の問題であると同時に、日本に特有の課題であり、原爆感情・原爆意識は、日本人に特有であると同時に、普遍性をもつ日本のメッセージだというのが、私の信条でした。それだけに、原水禁運動の分裂は、党派の如何などを超えて、日本社会にとり、きわめて不幸な自己破壊でした。

サルトルとの対話

後日、一九六六年に、サルトルとボーヴォワールが来日した時、加藤周一、大江健三郎、鶴見俊輔、日高六郎の諸氏とともに、対話をする機会がありました。その時、サルトルは、「自分は核兵器を全面的に否定する、と同時に、米ソ両核大国の脅威にさらされた中国の核実験を容認する」という趣旨のことを言いました。ヴェトナム戦争激化のさなかで、中国の国境を脅かしていた米国「帝国主義」の核と、それに対して「防衛」するための核とを、同列に置いてはならないという意見です。サルトルの趣旨は理解できますが、いったん「帝国主義に対する防衛」目的の核武装を認めれば、それを旗印とする米ソの核武装そのものも否定できないことになります。ここには、核兵器の全面的否定という原則と明らかに矛盾する二重基準があり、私は同意できませんでした。

六〇年安保反対運動

こうした核戦争の影に脅かされながら、戦争と平和の問題に取り組まざるを得ないことに、人間的な敏感さで反応していたのが当時の日本国民であり、それを先鋭な形で現したのが「六〇年安保」でした。

高まる反対運動

日米安保条約の改定については、五九年から、さまざまな反対運動が始まっていました。学者・評論家一〇〇人余は「安保問題研究会」を結成して活発な言論活動を行い、学生も全学連(主流派)が調印阻止の運動を盛り上げていました。同年の初めでしたか、誰が呼びかけたのか忘れましたが、「若い文学者・研究者」十数人に私も加わって国会に行きました。同行したのは江藤淳、浅利慶太、石原慎太郎、大江健三郎や私などを含むグループで、それぞれの観点から安保改定が気がかりだったので、園田直、川崎秀二、宇都宮徳馬、古井喜実その他の、自民党非主流議員に会ったりしました。しかし、そうした雑多な顔ぶれの若手グループの共同行動は続くわけがありません。他方、労働組合などに加えて、多数の一般の市民や学生が自発的にデモを行うきっかけになったのは、六〇年五月一九日の強行採決でした。

全学教官研究集会と丸山先生

その学期の私のゼミは、マイネッケの『国家理性の理念』の序文から始めたのですが、学生が次々と姿を消してしまう。初めは、原文が難しいから逃亡したのかと思いましたが、ゼミどころではないという切実な気持で、安保反対のデモに行ってしまうことが分かりました。お蔭で、ゼミは雲散霧消してしまったのですが、実は私自身がデモに行きたい切迫感を持っていたのでした。

「何かしなければならない」という空気が東大の学内にも、これまでになく拡がっていました。そこで、われわれの行動の意味を明確にするために、とくに安保問題になじみのない自然科学系の研究者と理論的な根拠を共有するために、五月三一日、法学部の伊藤正己、丸山眞男両教授を講師とする、東大で全く前例のない全学教官研究集会を開きました。丸山先生は、これを「坂本君、福田君などが工作した」企画だと後で言われましたが、確かに初めて学部を超えて連絡をとらなければできない集会には違いなかったとは言え、およそ「工作」などを必要としない、強い関心が全学的に盛り上がっていたのでした。

他学部との連絡は、福田さんが行き届いた気配りをしながら進められ、私は、丸山先生から講師承諾を得る役目でした。先生は、「神皇正統記から安保までやれなんて、無理だよ」と固辞されました。事実、先生が体力的に疲労の限界にきておられることを、私は十分承知していました。しかし、余人をもって代えがたいことは明らかなので、ここで諦めてはならないとねばり、「歴史はつねに現在の視点から書き直されなければならないと教えて下さったのは、先生ではないですか」と、ややこじつけの理屈を言い、心中では申し訳ないと思いながら食い下がって、ついに承諾を得たのでした。説得力に富んだ「この事態の政治学的問題点」と題する先生の講演は、二五番大教室に、ところ狭しと集まった教官たちに深い感銘を与えました。

国会への連日のデモ

その後の六月三日、東大の教授・助教授・講師有志は、政府与党が「潔く議会主義の原則に立ち返って、即刻国会を解散すると共に、新安保条約の単独採決を白紙撤回」することを要求する声明を公表した。また、東大の教官による国会デモを行い、私は福田さんと並んで歩きました。それ以外にも、学生が警官や右翼の暴力に口実を与えて怪我などしないように、何回か国会周辺に行き、時には一緒に座り込んだりして、ゼミの顔なじみとも会いました。

また、小林トミさんたちが始めた「声なき声の会」の小さなデモにも出会いました。これが高畠通敏などによって「市民運動」として意味づけられ、のちの「ベトナムに平和を！市民連合(べ平連)」の一つの母体となりました。当時の反対運動の主体は、大きな労組や学生の組織が主でしたが、路上の誰でもが、関心があり趣旨に賛成であれば、いつでも参加して一緒に歩くという、組織動員型でない市民参加型のデモの原型が、これでした。のちに、六〇年の労組中心の運動が急速に退潮するのとは逆に、こうした市民運動が自立的に強まって行ったのです。

当時デモに行く大勢の学生も、すでに市民参加型の性格を帯びており、連日のように学内で自発的に集合して出発するという状況が続きました。そうした事態の進行のなかで、日頃は政治問題に慎重な茅誠司総長も、ついに「学生デモの原因は、議会制の危機を生み出したことにある」という趣旨の声明を出し、一度は、デモに参加するまでになりました。

六月一五日、国会に乱入した学生と警官隊との衝突のなかで、樺美智子さんが死亡し、安保をめぐる緊張は頂点に達します。岸信介首相は自衛隊の治安出動を意図しましたが、赤城宗徳防衛庁長官の反対にあい、結局アイゼンハワー大統領の訪日中止を米国に要請するにいたった。しかし、新安保条約は一九日午前零時に「自然成立」しました。その時、私も国会の近くにいましたが、「一つの終焉」という思いでした。やがて岸内閣が総辞職するとともに、反対運動は急速に静まっていきました。

安保反対運動の意味

この安保反対運動については、多様な意味づけができるでしょうが、私は三つの柱を意識していました。一つは、東西対決のなかで、一方と軍事同盟を結ぶことは、日本と東アジアでの戦争の危機を高め、戦後、曲りなりに守ってきた平和を脅かすという、切迫した危惧です。ことに五四年の第五福竜丸事件以後、次に起こる戦争のもたらす死の終末観は、国民に深く共有されていました。第二は、米ソによる外発的な「戦争に巻き込まれる」ことは、日本国民の独立性と自主性の真っ向からの否定になることへの抵抗です。安保反対と「中立」の主張には、明らかに「平和」という言葉に託されたナショナリズムがありました。ナショナリズムのない「中立主義」は、ありえないわけですが、この時には「平和」という普遍的観念に内包されていたのでした。第三は、言うまでもなく、岸信介政権という反共体質の権力による強行採決に直面して勃然と喚起された、民主主義の危機という意識です。

この第三点は、丸山先生が東大全学教官研究集会で明確に争点の定義をされた点であり、「安保への賛否の如何にかかわらず、民主主義を守る点で一致」という意味づけは、広汎に受け入れられ、運動を盛り上げたことは間違いありません。しかし、その年の五月以前から、私の住む地域で初めて開かれた集会に参加し、植手通有君などと地域デモにも加わっていた私の印象は、やや違っていました。「安保は入りにくい」と組織運動の指導者がこぼしたように、確かに「安保は普通の人に分かりにくい」外交問題という面がありました。しかし、強行採決という異様な国会での対決をメディアで知り、「こんな強権を発動して通そうとする安保とは、重大な危険をはらんでいるものに違いない」という形で、安保への関心と反対を強めた人も少なくなかったと思います。この二つの危機感が合流して、五月一九日以降の強力な反対運動を生み出したと私は考えています。当時、石神井の小学校で私たち有志が開いた安保条約解説の集会に、予想を超えて講堂満席の地域住民が集まったのも、そうした二重の危機感の表れだったと思います。なお、この集会の帰途、近所に住む北沢方邦さんや青木やよひさんと話しながら歩き、以来五〇年以上にわたって親交を深めることになりました。

単なる政治運動なのか

新安保条約の成立は、運動に参加した無数の人々に、敗北感や挫折感を生み出しました。しかし、この六〇年安保の運動と、六〇年代末の「若者の反乱」とを比較し、前者はもっぱら「政治運動」であったのに対し、後者は個人のアイデンティティの喪失に根ざす「自分探し」の行動だったと峻別する説には疑問があります。

確かに「ベ平連」などは、「反戦」という政治目的を掲げた運動でした。また六〇年安保反対運動で、とくに目立った学生の行動を突き動かしていたものは、政治的な言葉で言えば「平和、反戦、中立、民主主義的抵抗」といった理念への危機感であったでしょう。しかし、それを広汎な行動者の内面的な動機に即して言えば、そうした言葉で表されたアイデンティティの主張でした。つまり、戦後日本社会の変革の核心をなす共有の価値観とアイデンティティへの挑戦に直面した危機の意識だったと私は思います。「政治的」ということは「アイデンティティ」の問題とは異なると言うのは誤りで、「アイデンティティ・ポリティックス」という点では共通していたのです。そうでなければ、単なる「政治目的」で、学生も、教官も、総長までもデモに行くということは考えられません。

反対運動の限界

他方で私は、この「共有のアイデンティティ」について、「革新ナショナリズム試論」(『中央公論』六〇年一〇月号)で、それには国民的連帯意識の「ムード化」と、現実の連帯の「局地化」という問題が含まれており、それが安保反対運動の一つの限界だったのではないかと指摘しました。その一例として、基地が自分の居住地に来なければ安堵するという傾向を挙げ、とくに「沖縄問題」に対する「「国民的」関心が驚くべき低さを示している」、「本土の人々の中に、その無関心自体が背信なのだという自覚が果たしてどれだけあるのだろうか」と述べました。これは、普天間基地の沖縄県外移設に、どの県も拒否反応を示すという、今日に続く問題に他なりません。またこうした基地問題の「局地化」は、安保問題について、日米関係の在り方の根本を問い直さないままで、もっぱら日本の中で負担をたらい回しにする「局地化」と同根です。

六〇年安保について、純政治的には、私は「改定反対、安保廃棄」といった目標は、当時の内外の条件の下では達成できないと考えていました。にもかかわらず、反対運動に参加し、その主張を支持することの意味は、どこにあると考えたのか。それは、これだけの抵抗を受け、米国大統領の訪日が大衆運動のために不可能になるという事実の持つインパクトは、米国の対日意識を変え、法的には成立した改定安保の運用に、無視できない政治的な枠をはめることになる、という点にありました。したがって、私には「挫折感」はなく、むしろ「これから新しい段階の抵抗と対話が始まる」という意識でした。現に、ライシャワー教授は大使任命に先立って、日米の知識人間の対話の断絶を憂慮する意見を公表していました。

日米知識人の「対話」――ダートマス会議

アメリカ知識人との議論

こうした中で、国際文化会館の松本重治氏は、日米の民間人の対話を促進するために努めておられましたが、最大の難関は、今や米国にとってソ連以上の「敵」となりつつあった中国についての日米の見方のギャップをどう埋めるかでした。その点をつめるために、松本氏は斎藤眞さんと私を何回か呼ばれ、意見を求められた。私たちは、中国との関係が深い松本氏がまず北京を訪問し、中国の米国および日本との関係について率直に意見交換をし、同氏の中国についての卓見をメッセージとして持って訪米し、米国との対話をされることを強く要望しました。しかし、同氏は慎重で、かなり迷われた様子でしたが、結局、訪中は行われないままで、ダートマス大学のディッキー学長をホストとする会議を六二年一〇月に開催することになりました。

米国側からは、シュレジンジャー、ロストウなどケネディ政権の特別補佐官をはじめ、「トービン税提言」で知られた経済学者トービンなど、公的・私的に同政権を支持する研究者や言論人のほか、社会学者リースマン、経済学者で指導的な平和研究者ボウルディングなどの学者や、作家のベロウなど、政権とは独立の知識人を含め約二〇人が出席しました。日本からは、松本氏、中国に詳しい貝塚茂樹、石川滋などのほか、都留重人、東畑精一、中野好夫、加藤周一、永井道雄、斎藤眞、福武直、経済人として大原総一郎、それに「若手」の石田雄、永井陽之助、私など一七名が参加し、日米関係、中国問題、軍縮、民主主義などを、自由・率直に議論しました。

ダートマス会議の会場前で

米国側は、自国の立場や視点を擁護する発言が多かった。その中で、いわば例外としてとくに印象深かったのは、ボウルディングの「私はアメリカに望みをかけて、イギリスから移民として来たが、(ヴェトナム戦争で)その期待が裏切られたことを悲しむ」という切々たる言葉でした。これに対する他の米国側出席者の反応は、概して冷ややかな黙殺でした。日本側からは、日本、中国、核軍拡競争などにかんする多くの日本人の考えについて、理解を深めるべきことをアメリカの出席者に要望する批判的な発言が多かった。私は、「ロストウの近代化論によれば、経済発展が進むと対外政策も穏健になるのだが、ソ連は発展が進んでいるけれど中国は違うので危険だというのであれば、中国の発展過程を早めるように援助するのが、米国の政策として賢明ではないか」と述べたが、やや意表をついた議論だったらしく、ロストウなどからの反論はなかった。リースマンは、この議論を評価してくれたと見え、以後、いろいろな形で交流と支援をしてくれました。なお、この会議で、のちにサイマルを創設された村松増美、國弘正雄の諸氏が、機器が未発達の条件の下で、有能な通訳の役を見事に果たされました。

中国をめぐって

この「ダートマス会議」は、第二回が、大原総一郎氏らの支援で、六四年に倉敷市で開かれましたが、私は後述の米国再訪の計画があり、出席できなかった。

第三回は、六七年四月、ヴァージニア州ウィリアムズバーグで開催。第一回の出席者に新たに加わったのは、日本側では、桑原武夫、笠信太郎、岩村忍など、とくにアジアの視点に造詣の深い知識人と、鈴木治雄(昭和電工)と長谷川周重(住友化学)というリベラルな経済人などでした。折柄、中国の文化革命が進行中であり、初日、会議場の入り口で、ライシャワーが、紅衛兵の腕章の実物を腕に巻いて、われわれを歓迎したのは、いかにもアメリカ人らしいユーモラスな姿でした。そうした背景もあって、中国から帰って間もない中島嶺雄君のスライド・ショウが、一同の強い関心を惹いた。

米国側には、社会学者ベル、日本研究者ホール、未来学・戦略論者カーン、東アジア研究者スカラピーノなどがおり、リースマンにも再会した。会議の主題は「長期的に見たアジアの将来」で、日本側から出された九本のペーパーのうち、私は「アジアでの平和共存」と、軍縮に関する「平和へのイニシアティヴ」の二篇を提出した。全般的に、米国側には中国との対決の姿勢が強く、日本側には、中国に対する批判的理解の必要を述べる意見が多かったと思います。

会議の合間の時間に、スカラピーノが私をつかまえ、ヴェトナム戦争の正当性を強硬に主張し、それを認めず反論する私に、露骨な反感を示したのを記憶しています。

この会議で、私たちが厳しいアメリカ批判をしたので、鈴木、長谷川両氏が松本さんに「あの人たちは共産党じゃないですか」と言われたらしく、帰国後、松本さんは、斎藤、石田、私などと両氏との懇談の機会を作って下さった。私たちは、日本でのリベラルの、米国のそれとは違った位置づけについて率直に意見を述べ、両氏も納得されたようでした。

このダートマス会議は、日本政府に対し独立あるいは批判的な知識人と、アメリカの主流に近い代表的な学者・言論人との討論と対話の場を初めて提供したもので、松本重治氏の英断があって可能になった企画だったと言っていいでしょう。これ以後は、ヴェトナム戦争の影響もあり、日米それぞれの内部で分極化が進み、それぞれの国内で対立する知識人の間に、討論と対話の場が移って行きます。その反面で、日米の反戦の立場の人々の間に、日米という国家関係をこえた協力と連帯が強まってきました。日本の安保反対・反戦勢力が、アメリカの中に多くの同志がいることを知ったのは、戦後はじめてと言っていいでしょう。

反戦・反核の連帯

当時、こうした連帯の緊急性を感じさせた重要な背景の一つは、米ソ間の水爆実験競争でした。日本では、五四年の第五福竜丸被爆事件以来、核実験に伴う放射能がマグロなどの食糧に影響することが知られ、広汎な核実験反対運動をひき起こしていました。米国でも、六一年に「平和のために立ち上がる女性たち(Women Strike for Peace)」が、放射性降下物ストロンチウム90による母乳や牛乳の汚染を憂慮する、活発な反核実験運動を開始しました。こうした運動は、六三年の部分的核実験禁止条約成立の原動力の一つになりましたが、後述する「世界秩序の構想（ＷＯＭＰ）」プロジェクトの会議のために渡米する私は、その活動家と連絡するようになりました。

このグループの有志一〇名ほどが、六二年に、私の勧めもあって広島を訪ねることになりました。そこで『世界』の緑川亨さんと二人で羽田に迎えに行きました。しかし、どこで間違えたのか、到着客の出口が分からず、夜の羽田をさまよっていたら、いつしか飛行場に出てしまった。丁度到着した便から、彼女たちがタラップを降りてくるのに出くわし、歓迎のためにここまで来たような形になりました。現在では考えられない、ゆるいセキュリティ・チェックだったせいか、今でも、どうして飛行機の着地点まで行けたのか不思議です。緑川さんは、翌日インタビューをして『世界』編集の素材にしていました。この運動は、六四年にヴェトナム戦争反対の声を最初にあげたグループの一つでもあり、彼女らの紹介で、反戦週刊ニューズを書いていたストーンにワシントンで会い、その後、私はワシントンに行くたびに、彼から、米国の政府や議会の動きについての批判的な解説を聞くことができました。

第8章　アメリカ再訪

アパラチア山脈の山中で暮らす一家．アメリカの貧困を目の当たりにした．左は妻

車で走る大陸の旅

アメリカ全土を走る

一九六四年の三月下旬から半年ほど、私は妻と共に、アイゼンハワー・フェロウシップ財団に招かれて滞米しました。これは、共和党系の財団ですが、日本での選抜責任者である蠟山政道、前田陽一などの先生方が「軍縮」をその年の主題とされたので、推薦を受けたのでした。このフェロウシップは、大半が中堅の実務家とその妻を約三〇カ国から招き、それぞれの職業的関心に応じて、なるべく広く米国を見る便宜を提供するという企画でした。私は、米国では全国紙がなく地方紙の影響が強いので、各地の地方紙の編集者の国際観、軍縮観を調べるという計画を立てました。最初に全員が集結するプリンストンでのセミナーで、主要資金提供者であるスコット・ペーパー会社社長が、「上質の紙の消費量は、文明の物差しである」と言いましたが、これは大量消費を誇る高度成長時代をよく表した言葉でした。そして、各夫妻に新車をレントし、できるだけ各地を訪ねることを奨励するのです。これも、たくさんのガソリンを使っていいから全国を走れという含みです。

私は、まずワシントンで軍備管理・軍縮局や原子力委員会などを訪ね、次いで『ニューヨーク・タイムズ』『ニューヨーク・ヘラルド・トリビューン』『ウォール・ストリート・ジャーナル』の編集者に会い、「軍縮は望ましいが、相手があり困難だ」という、だいたい予想していた意見を聞いた後、ケンブリッジへと北上した。

ハーヴァードの人びと

ハーヴァードでは、ホフマンに会い、国際政治のとらえ方について話し合いましたが、聡明な才人という印象を受けました。経済・戦略理論のシェリングとキッシンジャー共同のセミナーは「全面戦争(General War)」という題目で、いかにして戦争を限定的に制御するかという議論をしていました。キッシンジャーの「限定核戦争論」を、さらに「理論的に厳密化」するという作業で、私には、一流の知性がこうした形で核戦争の問題を教育の場で取り上げて議論していることに「現代の狂気」めいたものを感じました。

また、六〇年安保の時、ハンティントンがブレジンスキーと一緒に東大に来て、私に「全学連の学生と話したい」と頼むので、学生リーダーの聞き取りの場を設定したという経緯もあり、ハンティントンが自宅での夕食に招いてくれました。しかし、彼が私を「敬遠」している様子が感じ取れる、奇妙な再会でした。

ケンブリッジに滞在中、メイン州のファイスを訪ね、彼の家の広大な敷地の一部である、海辺の入江から獲れたばかりの見事なロブスターを、ご馳走になりました。私は、日本占領期の重要な資料を見るために、彼が持っている国務省資料への特別アクセスのような資格を、研究目的だけに使うという約束で認めてもらえないか、と頼みました。彼は早速、国務省に問い合わせてくれましたが、「外国人にそのような特権は認められない」という回答でした。

ハーヴァードで、私たちを最も率直な親密さで迎え、自宅にも招いてくれたのは、リースマン夫妻でした。彼の独立でリベラルな視点に立つアメリカ社会の批判的考察から学ぶ点が多かった。その上、私の今回の訪米の関心を聞き、私の行き先で是非会うようにと彼が推薦する人たちへの紹介状や手紙を、約三〇通も書いてくれました。ローカルな場でアメリカ社会を批判的に考えている人たちへの紹介です。たまたま夏季休暇の時期のため会えなかった人がいたのは残念でしたが、彼の紹介は私の旅行を充実したものにする上で、非常に大きな助けになりました。

西へ向かって

その後、西に向かい、デトロイトでは、リースマンに紹介された若手の学者で、『ニュー・ユニヴァーシティ・ソート』という、アメリカの自己批判の視点に立つ研究者ネットワーク作りの季刊誌を編集・刊行している人と長時間話し、デトロイトの貧困地帯を案内してもらいました。この雑誌はヴェトナム戦争の間つづき、いつも送ってくれましたが、こうした大学をこえた若手研究者のネットワークがあることは、日本では知られていませんでした。なお、リースマン自身、『コレスポンデンス』という全国の研究者の投稿からなる雑誌の編集に関わっていましたが、これは言うまでもなく、アメリカ独立革命運動の際に生まれたメディアの名を使ったものです。

アナーバーのミシガン大学では、国連研究のクロードに会い、とかく機構論的に扱われる国連の国際政治学的な捉え方について、賛同する点が多々ありました。また、ゲーム理論・平和研究者ラパポートは、病気で入院中でしたが、病室に迎えてくれ、米国の核戦略や平和研究について、熱心に話し合いました。続いてシカゴに行きましたが、夏休みのため、予定した学者とは会えず、『シカゴ・トリビューン』では、予想通りの保守的な意見を聞きました。またシカゴの北隣にあるノースウェスタン大学では、数量的行動科学の方法で平和の問題に関心を示しているゲツコウに会いましたが、彼はその後、シミュレーションへの関心が強い関寛治君が親交を深めた人物です。

キング牧師の演説会

シカゴ滞在中、キング牧師の演説会が大競技場であり、聴きに行きました。「黒人がニグロでなくブラックと呼ばれるようになったが、われわれはブラックであることに誇りを持とう」と語り、「ブラック・イズ・ビューティフル」という、

「ブラック」という言葉についての価値の転倒を訴えました。彼の演説は扇動的ではなく、祈るような雄弁さがあり、その言葉使いそのものが、非暴力主義を表わしており、感銘を受けました。

次いで南下を始め、セント・ルイスのワシントン大学では、ライト・ミルズの弟子である社会学者ホロウィッツと、アメリカ社会についての批判的意見を交わしました。なお、この旅行で、日本では知られていない一五ほどの地方紙の編集者に会いましたが、ここの『セント・ルイス・ポスト・ディスパッチ』は、後述の『アトランタ・コンスティテューション』とともに、国内での人種差別や貧困との闘いと、対外的な緊張緩和や低開発国支援との関連を自覚している点で、良質なリベラルの新聞だという印象を受けました。その他は、総じて文字通り「地方紙」であり、国際的関心は低いものでした。

さらに南部へ

公民権法施行下の南部

続いてアーカンソー州のリトル・ロックで『デモクラット』という新聞を訪ねました。ここは、一九五七年に黒人の高校生徒の入学を拒否し、知事が人種差別文持者なので、アイゼンハワー大統領が連邦部隊を派遣して、入学を保障したので知られた南部の州都です。新聞編集者の話は、公民権法の成立が間近いこともあって、人種差別には賛成しないトーンでした。しかし、アーカンソーからテキサスに向かう道では、多くのレストランが、これまでのように黒人を拒否できなくなることを先取りして、入り口に「メンバー・オンリー」という掲示を出し始めていた。レストランが「クラブ」に変装し、黒人を合法的に拒否する方途を講じたのです。テキサスに入ってから数日後の七月二日、公民権法が施行されました。

ダラスでは財団が手配してくれた、地元の上流階級の家に三泊し、家族とじっくり話す機会がありました。テキサスは北部からの投資による産業開発が進んでいるため、プランテーション型の農業の比重が大きい「典型的南部(ディープ・サウス)」とは異なって人種差別は弱く、その点ではこの家族も開放的でした。そして、その家の子どもたちと一緒に、私有の広い馬場につれていかれ、「馬に乗ってごらんなさい」といわれて、初めて乗馬経験を

ダラスでは初めて馬に乗った

した。予想以上に地上から高い背中によじのぼると走り出し、いつ落馬するかと手綱にしがみつく、緊張の連続でした。これは、テキサス流の「もてなし」なのでした。他方、財団の紹介で会ったのは、後述するようなゴールドウォーター支持の保守的な共和党系団体の人たちだったので、かなり率直な激論になり、傍にいる妻はハラハラしたということです。

「自然」な人種差別

テキサスでは、合州国とメキシコとの戦争の遺跡を訪ね、オースティンのテキサス大学やいくつかの新聞で意見を聞いたあと、ルイジアナ州に入って、ニュー・オーリンズに着きました。九年前、シカゴ大学にいた私がこの町を訪れた頃は、バスでは白人が前から座り始め、黒人は空いている限り、後ろから座るのです。そして乗ってきた白人が席をとるとき、表に「白人専用席」、裏に「黒人専用席」と書いた椅子札をうしろの席の背に移すと、そこに座っていた黒人は、バスの後方に移って立つのです。とくに私の印象に強く残っているのは、ある停留所で乗ってきた一〇歳くらいの白人の少女が、自分の席を確保するために椅子札を、うしろに移して大柄な黒人を立ち上がらせる、その所作が、あまりに自然で、何の抵抗感もない茶飯事だということでした。いわば、人種差別が「自然秩序」として少女の身についているのを見たのは衝撃でした。

また、その折に、黒人学生だけのディラード大学で政治学を教えている白人教授に会ったのですが、彼は「研究室では対等な同僚であっても、一歩学外に出れば、黒人の学者と一緒にコーヒーをのむことも出来ない」と嘆いていました。しかし今回、彼に再会すると、彼は興奮した面持ちで、「今日、昼食時に黒人の同僚を連れて、最高級レストランのアントワーヌに行ったのですが、店の誰も抵抗しませんでした」と語りました。事実、暴行やいやがらせをして黒人を追い出す店が少なくなかったのであり、この教授が高揚した表情で語るだけの理由があったのです。

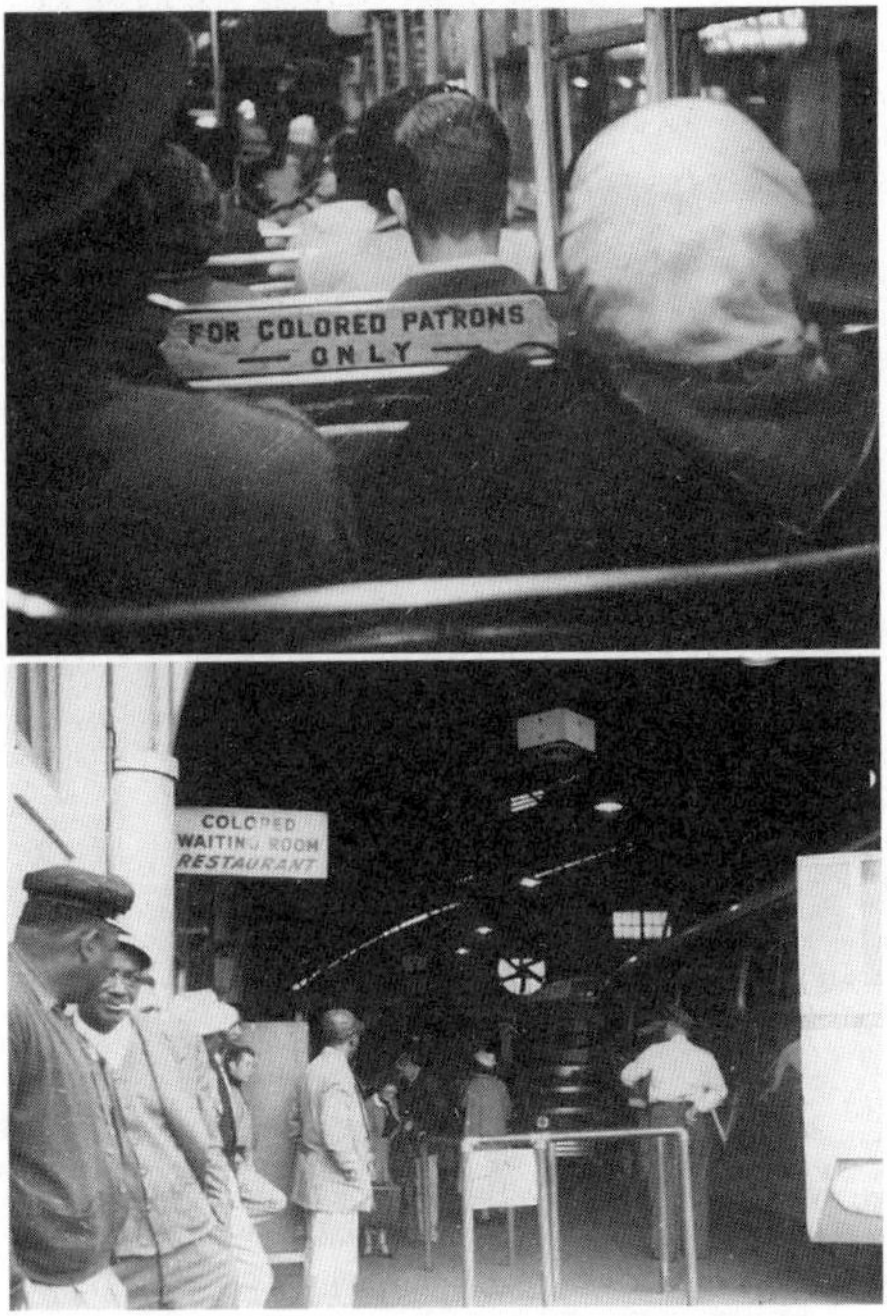

1960年代の南部では，バスの切符売場，荷物の預け場所，待合室に至るまで白人用と黒人用の区別がなされていた

黒人差別の牙城へ

この地でテュレーン大学を訪ねた

差別主義者ジョージ・ウォレスが知事をしていたアラバマ州の道路

りした後、次の目的地であるアラバマ州のバーミングハムへ行くには、ミシシッピ州を通らなければならない。同州は、白人至上主義者KKKなどが強いばかりでなく、州警察が黒人差別政策の牙城だとされていた。私がシカゴから南下を始めた頃、黒人投票権登録運動の支援のために北部から行った白人二人、黒人一人のグループが、スピード違反を口実に州警察に逮捕され、以後消息を絶ったという事件がありました。

したがって、私のように北部ペンシルヴェニア州のナンバー・プレイトをつけた車でミシシッピ州を走る時は、連邦警察の目が行き届くインターステイト・ハイウェイ以外の、ステイト・ハイウェイやカウンティ・ロードには入らないこと、夜の運転はしないこと、という忠告をニュー・オーリンズで幾人もから受けていました。そこで、メキシコ湾沿いのインターステイト・ハイウェイを四時間、なるべく早く通り過ぎたいが、急ぎ過ぎてスピード違反にならないように、緊張した運転をしました。ここは、警察が最も危険な犯行者になりうる場所なのです。

バーミングハムでは、リースマンが「勇気ある公民権運動家」と讃えて推薦したジョンストン弁護士の篤いもてなしを受け、アラバマ州の緊張した状況について聞きました。彼が私たち夫婦を乗せて町を走っている時、向こうから来たトラックの運転手が、汚い言葉を浴びせて罵り、人種差別を実感させたのでした。この州のモンゴメリで、一九五五年に黒人女性がバスでの人種差別に抵抗し、それを支援する非暴力のバス・ボイコットを組織する上で、現地のキング牧師が中心的な役割を果たし、それが公民権運動の発端になったことは有名です。話の合間に、ジョンストン氏が「前回の大統領選挙の時、ケネディのために多額の寄付をしたのだが、連邦地方裁判事には指名されなかった」と残念がっていましたが、彼としては判事として人種差別と闘うことを希望していたようでした。

またここで驚いたのは、その家の祖母格の婦人が「占領はひどかったのです」と言うので、戦後の対日占領のことを知っているのかと感心したのですが、話をしているうちに、彼女のいう「占領」とは、南北戦争での北軍によるものを指していることが分かりました。米国を分断した南北戦争の記憶や言い伝えが、まだ亀裂として残っていることを、あらためて知らされたのでした。

チェロキー族のダンス

人種問題と貧富の格差

続いて訪れたアトランタは、南部でおそらく最も公民権運動が定着した都市でした。この町でも、黒人を拒否するレストランなどがあったが、新聞『アトランタ・コンスティテューション』をはじめ、地域の世論のそれへの反発は強く、エモリー大学で会った人たちも、恐れることなく公民権運動支持を公言していました。ここで、運動家たちのパーティに招かれましたが、そこで会った若い運動家ヤングは、後にアトランタ市長、連邦下院議員、米国国連大使などを務めました。

また、そのパーティで、学生非暴力連繋委員会(SNCC)という活発な運動体をつくったばかりのボンドとも話すことができた。彼は、公民権運動による黒人の法的権利獲得だけでは不十分であり、人種間の貧富の格差をなくすことが不可欠だという考えであり、それを表わす象徴として「ソーシャリズム」という言葉を使っていた。ヤングも同様な路線を模索している様子でした。ボンドは、のちにジョージア州の下院と上院の議員になるとともに、

「南部貧困対策法センター」で活躍しました。米国内で、格差貧困が真正面から取り上げられ、「ソーシャリズム」——それはもちろんソ連型ではない——が公けに論じられていることは、私には非常に関心をそそる事態でした。

アトランタで、近くに先住民チェロキー族の「指定保留地」があるから、立ち寄るようにと勧められました。そこは南部白人の観光地化しており、私たち夫婦も「インディアン(先住民)」と見なされ、珍獣を見るような目で見られた。そこの野外劇場で、一八三〇年代のジャクソン大統領の政策の帰結として、白人所有地の西への膨張の過程で、いかに先住民の強制移住と追放が強行されたかを、その移動の過程で半数が死亡したというチェロキー族の人々自身の出演による演劇で知りました。白人の下層階級にも選挙権を認めた「ジャクソニアン・デモクラシー」の半面を実感させられました。このような先住民の抗議も、黒人の公民権の主張と共鳴しながら、アメリカ社会の下からの変動を示していました。

警官に停止させられる

次いでテネシー州のノックスヴィルに向かうハイウェイで橋を渡ったところで、「スピード違反」という理由で警官に停止を命じられました。テネシーは、のちに、ここのメンフィスでキング牧師が暗殺されたことも示すように、完全に「南部」色の強い州です。「ついに南部の警察につかまったか」と覚悟しましたが、実際にスピード違反をした事実はないので頑強に否定すると、「お前はスピード制限の表示を見たか」と言う。それで思い出したのは、南部では「六〇マイル」という通常の大きさの掲示のほかに、橋などハイウェイの一部に、ごく小さな掲示で「二〇マイル」などと書いてあり、それを見落とすと捕まると友人たちから忠告されていたことでした。これは、北部から来た運動家を逮捕したり、警官の「収入」を確保する目的の落とし穴です。私は「運動家」とは見えなかったらしく、請求された五ドルを払うと、放免されました。

山中の貧しい暮らし

ノックスヴィルでは、現地の新聞を訪ね、またニューディール政策の一環としてつくられたTVAのダムを見た後、リースマンが連絡してくれたハーヴァードの学生に会いました。彼は、兵役につく前の夏に意味のあることをしたいと考え、アパラチア山脈地帯の貧困問題に取り組んで、子どもたちのために「夏季学校」を開いている人物で、現地の案内を引き受けてもらいました。彼は開口一番、「あなたたちの車では壊れてしまうから、私のに乗りなさい」と言って、ジープ型の汚れた四輪駆動車に乗せてくれました。確かに、アパラチア山脈に向う道路は舗装しておらず、普通の乗用車はもたないに違いないほど凹凸が激しい山道でした。

この村の子どもたちにとって，壊れた自動車が「学校」という

一時間余り、窓に板を打ち付けた、さびれた小屋が点在する林の中をゆさぶられて登り、彼が「ここが学校です」という地点で降りました。そこには、文字通りの小さな「丸太小屋」があり、その家の子ども三人と母親が私たちを見ているだけでした。彼の案内で家の中を見せてもらうと、木のベッドと台所以外に家具らしいものはなく、一〇畳を少し超えるほどの薄暗い一間と狭い台所だけでした。

「ところで学校はどこですか」と訊くと、その家の前の小さな空き地に、二本の木で吊り上げてある壊れた自動車を指して、「これが学校です」と言う。彼によると、山中に点在している小屋の子どもたちをここに集め、自動車を分解したり、組み立て直したりさせると、部品の名前を覚え、やがて自動車の仕組みを説明した本の文字を読むことに関心をもつようになり、文字を読めることで新しい世界が開かれるという経験に興味をもつように変わって行く、というのです。

この山中に住む人の多くは、炭鉱労働者ですが、散在しているので教会はなく、半年に一回、巡回牧師がくるだけで、普段は家長である父親が、聖書を読んで家族に説教をするのだそうです。この家の母親や子どもが話す英語が非常に分かりにくいのですが、それはエリザベス女王時代の庶民の言葉が、孤立した山の中に残っているからだと、彼が教えてくれました。

暑い盛りなので、「水をもらいましょう」と彼が言い、親子で浅い井戸のような穴から桶に汲み入れた水を運んで来てくれました。ひしゃくで汲み上げると、白い土で濁った水でした。一瞬ためらいましたが、子どもたちが、珍しい人間である私をじっと見つめている。ここで飲まなければ、彼らの厚意を裏切ることになると考えて、思い切ってひと飲みしました。これが彼らが日常的に使う飲用水なのでした。案内してくれた学生は、「現地の人と同じ飲食をしているので体調がよくない」と告白していました。

帰りの車が大きく上下にゆれるたびに、胃の中で土が上下するような気分になり、宿に帰ると、すぐ薬をのみ、事なきをえましたが、アメリカにこのような生活をしている人々がいることを初めて見たのは衝撃でした。

「貧困との戦い」

他面、当時のアメリカでは、六二年にハリントンの『もう一つのアメリカ(*The Other America: Poverty in America*)』が大きな反響を呼び、ジョンソン大統領の「貧困との戦い(War on Poverty)」の一連の政策を促進する役割を果たしていました。公民権の確立と貧困の克服とはセットになって、心ある人々に、アメリカの自己改革の課題として強く意識されていたのでした。これは、公民権運動の担い手のある部分に見られる「ソーシャリズム」を模索する動きとも連動していたと言ってよいでしょう。アメリカが「貧困大国」であるという自覚は、近年だけのものではないのです。当時の日本は高度成長・総中流階級化をめざしていて、貧困は過去のものと思い込みがちでした。日本自身が貧困の問題に直面した二〇〇〇年代になって、アメリカの貧困にも関心を向けるようになったのでしょう。

分極化するアメリカ社会

ところで、こうしたアメリカの自己批判・自己変革への「左翼的」な動きは、当然に、その反動をも生み出していた。六四年は大統領選挙の年です。私がいた夏には、共和党大会が開かれ、アリゾナ州のゴールドウォーター上院議員が候補に選ばれました。彼が演説で、「コンサーヴァティズムこそアメリカの正しい道だ」と断言し、党員たちが熱烈な拍手喝采で応えている情景がテレビで放映されていました。ここで言う、ヨーロッパでの「保守主義」とは違う意味での「コンサーヴァティズム」は、連邦政府の縮小、州権や私的自由・財産権の強化、個人の自己責任(self-help)と被差別者援助反対を主張する半面、米国の軍事的強化や反ソ国防費の増大(したがって、巨大な軍産複合体への依存)などを掲げるものです。この言葉が政治家に公然と使われるようになったのは、この頃だと思います。それは、アメリカがイデオロギー的に分極化している表れでした。

こうした国内分極化を更に亢進させたのは、言うまでもなくヴェトナム戦争です。八月は、ワシントンで旧友トム・ワーグナーの弟が休暇で不在の家を借りて過ごしましたが、その折に、「トンキン湾事件」で米艦が攻撃されたという(偽りの)情報が流され、上院が九八対二で、大統領に軍事的権限を大幅に認める決議を通過させたことがラジオで報じられました。米国の強大国としてのおごりと「愛国主義」とに、暗然とした思いでした。しかしヴェトナムでの泥沼のような戦争の実態が明らかになるにつれ、その後、この戦争をめぐるアメリカ社会の分極化が先鋭となり、初めは公民権運動と反戦運動を切り離していたキング牧師も、二つをリンクする立場に変わったのでした。

占領文書を調査する

私がこの時、一カ月ほどワシントンに留まったのは、対日占領に関する資料を調べるためでした。国立文書館には、あまり見るべきものがなく、近郊のアレクサンドリアにあると教えられて訪ねました。そこは、戦争中、潜航艇を造っていた工場の建物で、資料はほとんどすべてダンボール箱に詰めたままでした。私が、「この件に関連する文書を見たい」と指定して請求すると、初めて現物を探し出し、機密扱いかどうかを、その都度調べるので、能率があがらない。係りも三人しかおらず、専門のアーキヴィストではないのです。それに当時は、需要もほとんどなかったのです。「あなたが、占領関係資料を見にきた二人目です」というので、初めて来たのは誰かと尋ねると「ミスター・コジマ」つまり児島襄でした。占領軍が占領終結を控えて各部局に書かせた占領史など、公式の文書以外には、残念ながら収穫はありませんでした。戦後日本の占領に対する研究者の本格的な関心は、日米双方で、まだ熟していませんでした。

さらに西部へ

その後、西部に飛び、アリゾナ州の先住民ナヴァホの指定保留地に寄りました。地図の上では広大なのですが、広漠たる荒地に貧しい部落が点在しているだけでした。

私と妻が国内旅行をしている間、白人の町の友人宅に預けておいた五歳の娘が、黒い髪の先住民の子どもを見て、「あっ、わたしとおんなじだ」と言ったのを覚えています。

西部海岸地帯では、『ロスアンジェルス・タイムズ』と『サンフランシスコ・クロニクル』の編集者と会いましたが、どちらも「公民権は積極的支持、ヴェトナム戦争は消極的支持」という論調でした。スタンフォードでアーモンドに再会し、帰国の途につきました。

この旅行で痛感したのは、アメリカは一つではなく、政治的分極化に加えて、たとえば東部、中西部、南部、西部、あるいは「合州国」という名称が示す州権の在り方の差など、地方・地域の文化や生活感覚の顕著な多様性です。一口に「アメリカ」と言い慣れてきた点を強く反省させられました。とかく政府筋のいわゆる「知日派」の意見が「アメリカの対日観」だと思い込むような偏りを自覚し、アメリカにたいする日本の立ち位置を、もっとキメ細かく構想する必要を感じました。

第9章　アジアでの戦争をめぐって

大佛次郎，大内兵衛ら5氏が，アメリカの北ヴェトナム爆撃の即時停止などを求める要望書を佐藤栄作首相に直接手渡した．その草案を著者が準備した．左より谷川徹三，宮沢俊義，我妻栄，大内，佐藤(1965年4月20日，朝日新聞社)

日本の立ち位置

一九六〇年代、日本にかかわる東西冷戦は、東アジアで、三つの分断として先鋭化しており、それに対する態度決定が、私の課題でもありました。

中台の分断と中国の核実験

第一は、中国と台湾の分断であり、民族の統一を武力で妨げられてきた中国が、六四年に自前の核実験を達成したことへの対応です。私はそれ以前に、東大文学部に在学している中国人学生を中心とした「台湾独立運動」の青年グループと話し合ったことがあり、その独立志向に強い印象を受けました。ところが、中国本土の核実験成功の報に、この青年たちがそれを台湾への脅威と受けとるのではなく、「中国の近代技術獲得成功の証し」として欣喜雀躍したと聞いて、中国人としての民族意識の根深さに驚いたのでした。

それだけに、中国侵略への償いを請求せず、日本に対してモラルの点で優位に立つ中国が、日本国民の許さない核実験を強行したという事実、他方、核兵器の無条件的な否定というモラルの点で優位に立つ日本国民が、侵略戦争の償いも国交正常化もしていないという事実について、日本国民として、どう対応するべきかという重い課題に直面したのでした。中国の核武装の黙認も、それへの感情的な非難も、日本の核武装や米国による「核の傘」のひそかな正当化につながる危険をもつのです。それに代えて、まず日中の国交回復、日本の非核武装宣言、そして東アジアの非核武装化への日中共同のイニシアティヴをとることを私は提言したりしました。これは容易な道ではないことは熟知していましたが、長期的には、こうした考え方が妥当するという立場でした。これには、その後の日本と北朝鮮との関係についても大筋で当てはまる点があると言えるでしょう。

朝鮮半島の分断と日韓交渉問題

第二は、まさに朝鮮半島と日本とのかかわりであり、当時進行していた日韓交渉に、どのような態度をとるかという問題でした。これについては、韓国の軍事独裁政権支援となり、また南北朝鮮分断の固定化につながるという問題意識に立って、日韓条約交渉を、前述した国際問題懇談会で詳細に批判の議論を重ねました。それをふまえて、石本泰雄さんが国際法の観点から報告を書いてくれ、それ以外の部分を仕上げるために、岩波書店で石川滋(経済)さんと私(政治)が、ほとんど徹夜で草稿を作り、『世界』編集部の安江良介さんが、終始付き添って二人の作業を助けてくれた。その成果は、丸山、久野、中野、都留の諸先生と、より若手の隅谷三喜男、日高六郎、伊東光晴、中村隆英、福田歓

一、斎藤眞、宮崎義一その他、計二一人の連名の文書「日韓交渉の基本的再検討」として公表しました(『世界』一九六四年四月号)。

また六五年一一月に、東大教授懇談会という理科系の教授が代表である会の集まりを開き、日高六郎さんの司会で、「日韓条約の総括的再検討」を主題に、高野雄一、川田侃、私の三人が報告をしました。国際問題についての学部を超えたこうした企画は、「六〇年安保」の遺産だったと思います。

ヴェトナム戦争への抗議

第三は、当時世論が最も強い関心を示していた、ヴェトナム戦争への反対でした。

首相への要望書を書く

とくに六五年二月に米国が北ヴェトナム爆撃を開始したことは、事態の深刻さと緊急性を一段と高めました。そこで、『世界』の緑川亨、安江両氏と相談し、私は緑川さんと鎌倉に大佛次郎さんを訪ねて私たちの考えを述べ、即座に賛同してもらいました。その時、大佛さんは執筆に無理があったため、腫れ上がった指をしておられました。他の四先生も進んで賛同され、大内兵衛、大佛次郎、谷川徹三、宮沢俊義、我妻栄の五先生が、四月二

○日、佐藤栄作首相に面談して要望書を手渡し、続いて記者会見を行い、大きなニュースになりました。

要望書は、米国のヴェトナム戦争は国連憲章に反したものであり、この場合、日本は日米安保条約に拘束されないのだから、在日米軍基地使用を認めないこと、米国に北ヴェトナム爆撃の即時停止を申し入れること、関係諸国および南ヴェトナム解放戦線を当事者とする外交交渉と停戦とを速やかに実行に移すこと、の三点から成り、緑川、安江両氏と協議しながら私が草案をつくりました。

ティーチインでの問題提起

また八月一五日には、「八・一五記念徹夜討論集会・ティーチイン」が開催されました。桑原武夫、鶴見俊輔、久野収の司会で進められ、自民党の中曽根康弘、宮沢喜一、宇都宮徳馬、その他各党の論客、ことに中曽根、宮沢両氏に対して論戦が挑まれ、日高六郎、開高健、小田実などのパネリストや会場の参加者が活発に発言し、テレビ中継放送も終夜行われた。

私が冒頭の問題提起をすることになっていたので、「南ヴェトナムの民族解放戦線は「共産主義者」だ」と断定してアメリカを支持する自民党政府を念頭において、「南ヴェトナム政府が選ばれた選挙では、有権者の数より政権支持票の方が多かったことに示されるように、政治的独裁と腐敗が支配している。これに抵抗する民族解放戦線が「民族主義者」であるなら、これを武力で鎮圧しようとするアメリカは民族自決の原則に反している。もしこれがアメリカの言うように「共産主義者」だとすれば、共産主義者が圧倒的多数の民衆の強い支持をえるほどに民心を失った独裁・腐敗政権を軍事支援するアメリカは、民主主義の原則に反している」と述べました。中曽根、宮沢両氏は、これに反論できませんでした。

民族解放戦争という難問

ヴェトナム戦争で、米国は米兵五万八〇〇〇人死亡、三五万人負傷という犠牲を払って、結局撤退しましたが、他方、南北ヴェトナムは百万から二百万の死傷者を出したと言われています。プリンストン大学で国際法・国際関係論担当の、私の親友リチャード・フォークは、その精力的な反戦運動の実績から信頼を得て、戦争中にハノイに迎えられた唯一のアメリカ市民となりましたが、彼が私に個人的に伝えたところでは、「北ヴェトナムの指導者は「もしこれほどの犠牲を払うことが初めから分かっていたら、われわれはこのような戦争をしなかっただろう」と語っていた」とのことでした。ここには武力による「民族解放戦争」が、どこまで正当化できるかという至難の問題があります。それは、日本での「ベトナムに平和を！市民連合(べ平連)」にも向けられた問題です。「べ平連」は、この点を自覚していたと思います。それを示すのは、戦争の当事者である北ヴェトナムを支持するという含みをもつ反戦デモだけでなく、良心的徴兵忌避をする米兵の脱走を助け、亡命先に送るという危険な運動も敢行していたことです。

しかし、日本の圧倒的な世論は、「反戦・平和」という原則に立ってアメリカの戦争に反対しながら、実際には、南ヴェトナム民族解放戦線や北ヴェトナムの行う戦争を支持する空気が強かったのです。それでは戦争そのものを否定することにはなりません。ここには、「非武装中立」を掲げる政党が、武力行使のオールタナティヴを、つきつめて考えようとしないことについて、私が前述のように疑問を持っていた問題が表面化していたのです。私自身は、「自衛」や「民族解放」の闘争を、国際的・マルティラテラルな承認や支援と、いかにして結びつけるかという視点から考えるという立場をとってきたのでした。

リチャード・フォークと著者

また六八年、たまたま別件でニューヨークに行った私は、フォークと一緒に大規模な反戦デモに参加し、五番街を歩きました。カジュアルな服装の白人の集団の中で、それしか持っていないので律儀に背広を着て、一見して日本人とわかる服装での「内政干渉」でしたが、歩道に立つ人も好意的な目で見てくれました。なおフォークは、その後、後述する「世界秩序の構想(WOMP)」などで、親しく行動を共にし、理論や思想の点でも、私の最も信頼する友人となりました。また彼は、来日した折、私の家に泊まりましたが、彼が持ってきてくれたジラフ(きりん)のぬいぐるみが気に入って、幼い娘は彼を「ジラフのおじさん」と呼び、その後一〇年ほど、いつも身の傍に置いていました。彼は、そうした優しい気配りもする、温かい人柄です。

吉野作造について

以上に述べた、日中問題、日韓問題、ヴェトナム問題の三つについて、六五年二月、衆議院予算委員会の公聴会で、公述を行いました。主として社会党の横路節雄が質問し、それに答える形でしたが、自民党の中曽根康弘も来ていました。二階の傍聴席の最前列には、安江さんと共同通信の内田健三さんが、私を案じる顔をして座り、無言の激励を送ってくれました。

翌年、国会でのこの陳述を文章化したものに吉野作造賞が与えられたので、感謝の意をこめて「私の吉野作造観」という短文を『毎日新聞』に寄稿しました。私が吉野を尊敬する点としてあげたのは、吉野の「民本主義」思想の内容というより、吉野の思想の持ち方でした。つまり、彼の生きた時代には、日本の政治が明治の絶対主義的体制から大正デモクラシーをへて昭和ファシズムへと、左に揺れ、次いで激しく右に揺り返しましたが、そのとき多くの知識人が吉野を追い越して左翼に傾斜し、次いで右翼へとめまぐるしく転向しました。これに対し、圧力を恐れず、自分の思想の一貫性を堅持した吉野の生き方は見事であり、深い敬意に値するという思いでした。

「プラハの春」鎮圧への抗議アピール

六八年八月、ソ連と東欧四カ国の軍隊がチェコに侵入して「プラハの春」を鎮圧した。これに対し、日本国内だけでは不十分なので、国際的な反対声明を出そうと考え、中野好夫、久野収、丸山眞男の連名で、各国の知識人に呼びかけました。私の自宅を事務局とし、文書の草稿をつくり、まず『朝日新聞』に投書し、その英訳を念のために、たまたま学士会館におられた都留重人先生に見てもらいました。先生は多少修正意見を述べながら、「こういうものを、君たち自身で書けるようにならなくてはいかんよ」と言われたのは忘れられません。

この署名の呼びかけを誰に送るか、何分にも三先生は、日本では知名度が高いとは言え、当時はまだ相手側には知られていませんでしたし、こちらが一方的に知っている名前を選んで送りつけるので、果たして返事をくれるかも全く予想できませんでした。しかし、とにかくリストを作り、五〇通余を八月下旬に発送しました。ところが、予期に反して、四七名が即座に賛成の返事をくれ、その上、このアピールを自発的に回送して署名集めをしてくれた二人への賛成回答が二四ほど来ました。しかも、ただ賛成署名だけでなく、自分の意見や詳しいコメントを付け加えてくれた人が多いのは、うれしい驚きでした。賛成者は、ベラー、チョムスキー、クリック、ドーア、フォーク、フロム、ヒル、ホフマン、メイラー、ミュルダール、ノエル・ベーカー、ラパポート、リースマン、シュレジンジャー、「スポック博士」、トインビー、ヴォーゲル、ライト、リフトン、リプセット、シンガー、ソーンその他でした。

このアピールを新聞に投稿するに当たり、私が草稿に書いた「ヴェトナム戦争に一貫して反対した者だけが、ソ連の軍事介入に抗議する資格をもつ」という趣旨の一句について、丸山先生は、「反対を広げるためには、ここまで言わない方がいい」という意見でしたが、私は、単なる「反ソ主義者」まで含めるべきではないと自説を主張しました。国際的にも、この点はよく理解されたと思います。

フルブライト、キッシンジャーに会う

ヴェトナム戦争が泥沼に陥っているので、七〇年代の初め、他の用でワシントンを訪れた時、リースマンの紹介で以前にも会ったウィリアム・コフィンというジャーナリストに依頼し、彼の家で、フルブライト上院

議員夫妻と夕食に招いてもらいました。私は、なんとかアメリカが早く撤退する道を探してほしいと、フルブライトに訴えましたが、彼はさすがに政治家で、初対面の外国人に生々しい話はせず、「国連を強化するにはどうすればいいか」という質問を投げかけて、それを話題にしてしまいました。帰途、私をホテルまで送ってくれたのですが、ものすごいスピードの乱暴な運転なので、上院議員は交通違反をしても罰金免除の特権を持っているのかと想像さえするほどでした。

また七二年六月、キッシンジャー国務長官が、ヴェトナムからの帰りに訪日することになったので、米国の北ヴェトナム爆撃再開で中断したパリの平和会談を誠意をもって再開すること、および、南ヴェトナムで提唱されている「民族和解政府」の樹立を認めて即時撤兵することを要望する「公開書簡」を準備し、湯川秀樹、我妻栄、中野好夫、丸山眞男、森恭三、植村環、鶴見和子、武田清子、坂野正高、大江健三郎に私など二三名の連名で公表した。それもあって、キッシンジャーは、在京の際、国際関係の学者十数名と会って議論をすることを考え、私は、石川忠雄、永井陽之助などとともに招かれた。彼は、ヴェトナムでの米軍の現状について楽観的なことは一切言わず、ただ米軍撤退後の南ヴェトナム政権をになう人物がいないと判断し、苦境に立っている様子でした。

我妻先生のこと

なお、我妻先生は、ヴェトナム戦争の頃から、戦争の惨禍を憂慮し、日本政府に批判的な言動を公然とされるようになり、私と安江さんに声をかけては昼食をともにしながら、私たちの意見に耳を傾けられることが多くなりました。東大法学部の柱とも言うべき民法の大家で、法務省顧問として要職にあり、最高裁長官候補と目されていた先生が、これほど戦争と平和の問題を心にかけ、あえて政府に反対する姿勢を強められるとは、私は予想していませんでした。中学生の頃から、先生のお宅に出入りし、時にご馳走になったりした私には、先生が、何か「有終の美」を心に秘めておられたような気がしてなりません。

日常のなかの戦争

沖縄、東南アジアへ

こうした緊張の中で、六七年、オーストラリアでの会議に招かれたので、途次、かねて心にかかっていた沖縄を訪ねました。当時は正規のビザが必要だったので、七二時間のトランジットで入り、その時はじめて大田昌秀、屋良朝苗、上原康助、宮里政玄、大城立裕などの諸氏に会い、沖縄のきびしい実状を教えてもらいました。

キャンベラの会議の後、これまでほとんど行く機会がなかった東南アジアの現地を知りたいと思い、ジャカルタ、シンガポール、クアラ・ルンプール、バンコクで研究者と会いました。ジャカルタ空港では、入国の際、露骨に賄賂を請求されました。また、イスラム社会の生活様式に初めてさらされた私は、これまで訪ねた社会とは違った異文化の雰囲気を強く感じました。

バンコクでは、早朝、オレンジ色の僧衣の僧侶が托鉢に静々と街を歩き、人々が表に出て僧が持つ鉢に白飯を捧げて両手を合せる姿が随所に見られ、仏教社会のつましさが、絵に画いたように見えました。他面で、政治的には当時のタイは軍政下にあり、バンコクでは、確か五人以上の集会は禁止されているということでしたが、六、七人の大学生と、下宿の二階のような狭い部屋で話し合いました。「僕たちが要求しているのは憲法です」と、「憲法」という言葉が、彼らの情熱的な会話の中に何度も出てきたのが胸を打ちました。また、その頃のタイでは珍しく「社会民主主義」の言葉で語る、信念をもった政治運動家ブウン・サノンという人には感銘を受けました。しかし彼は、その後間もなく暗殺されてしまった。惜しい人でした。

アンコール・ワットの静寂と戦場

バンコクからプノンペンに、米軍の払い下げらしい古びたプロペラ機で飛んだ時には緊張しました。プノンペンには、明石康君がいました。プレアビヒアというヒンドゥー寺院の帰属をめぐるタイ・カンボジア紛争の沈静のため、国連から派遣されていたのです。そこで、二人でアンコール・ワットを訪ねることにしました。

カンボジアは中立国とはいえ、ヴェトナム戦争の影響で、観光客は皆無に近い状態でした。静寂そのものの中で、壁の見事な石彫のリリーフや、いくつもある大きな頭部の彫刻の「クメールの微笑」は、一日中すわって見ていたい思いでした。明石君が別なところを見て歩いている間、私はひとりで、声も音もしない遺跡に、時間を忘れて身を沈めていました。その後、世界の多くの遺跡に行きましたが、アンコール・ワットが、最も私の記憶に沁み込んでいます。今は観光客で混雑し、昔の姿はなくなってしまったようですが。

プノンペンでの夜、町に出ると、祭りなのか露天の夜店が並び、人々が、柔らかいクメール語を楽しそうに交わしており、穏やかな雰囲気が流れていました。だが一旦、遠くに目をやると、メコン川の遥か向こうの対岸では、ピカッ、ピカッと砲弾の炸裂の光が闇夜に映っている。戦場なのです。この時の、この夜店の市ほど、平和と戦争の対比を感じたことはなく、戦争協力を要求するアメリカの圧力に抗してシアヌークが堅持していた「中立」政策が、庶民の生活にとってもつ意味の大きさを痛感させられたのでした。

なお、その頃パプア・ニューギニアの高地人社会を調査していた、文化人類学者・畑中幸子さんが持ち帰った、現地人の道具や装飾品を、その後いただいたのですが、その中の、素焼きの壺の素朴なデザインに見られる想像力には心に響くものがあり、大切に飾ってあります。アンコール・ワットのような洗練された文化ではないのですが、「人間」の原像を感じさせるのです。

キプロスPKOの視察

時は飛びますが、七七年、国連平和維持部隊の実態を視察してほしいという外務省の依頼により、関寛治、香西茂の両氏とともに、中東各地をまわりました。まずキプロスの首都ニコシアに行きました。ここでは首都自体がキプロス系とトルコ系に分割され、その境目の五〜六メートルほどの幅の道路が国連部隊の通路となっており、そこを巡回することによって双方を引き離す役割を担っていました。五〜六メートルしか離れていない建物に人が住んでいるのですから、顔が見える相手に罵声を浴びせ合ったり、ものを投げつけたりするのは、日常的な出来事です。これがエスカレートしないように、間に入って鎮めるのが毎日の任務なのでした。紛争再発防止に寄与するためには、平和維持部隊の中立性への住民の信頼関係をつくることが必要なので、キプロス系、トルコ系のチームを別々に呼んで、部隊とバスケット・ボールの試合をしたりして、双方との人間的な親しさを生み出すのに配慮している、ということでした。平和維持部隊の着眼点の一つだろうと思いました。

エルサレムとゴラン高原へ

キプロスの国連平和維持部隊が、現地住民の日常生活と絶えず接しているのに対し、イスラエル・パレスチナは、全く様相を異にしていました。まずカイロで国連関係者から概要を聞き、アラブの国への入国印のある旅券ではイスラエルに入れないので、別の国連の旅券をもらって、アテネに立ち寄り、テルアヴィヴの傲慢な係官の前を歩いて、ようやく入国しました。エルサレムでは、預言者がここから昇天したといわれる金色の「岩のドーム」がある一方、その丘の下の側壁には「嘆きの壁」があり、何人ものユダヤ人が、壁に向かって頭を繰り返し下げて祈っていました。宗教の対照的な差異が、どぎついほど可視化されていました。

次いで、ユダヤ人の街を抜けて、北のゴラン高原に着きました。ここに立つとシリア側は一望の下に見え、イスラエルがこの占領地を手離そうとしないわけはすぐ分かります。もう一つの理由は、その側の、イスラエルの最重要な水源ガラリヤ湖と、そこから流れ出すヨルダン川の両岸を支配下に置くことにあるわけです。ここでは、国連平和維持部隊は、事実上イスラエルの既得権をまもっており、明らかに彼らを敵視する相手側住民と対峙する役割を担わせられています。

ヨルダン川に沿って南下し、死海にいたる右岸には、みごとな畑が広がっていました。貴重な川の水を、野菜の根元にだけ垂らすパイプを張り巡らして、作ったものです。「アラブ人が荒地のままに放置していたところを、立派な畑にしたのだから、これは当然おれたちの土地だ」と現地の農民が言いましたが、この意識は、ここだけのものではないに違いないと感じました。

ガザの惨状と対照

死海を離れてガザに向かうと、様相は一変しました。イスラエル軍に包囲された、この狭い地域には何も産業がなく、当時でも百万の人口が密集していました。横断するのに車で二〇〜三〇分ほどで海岸に出ますが、沖にはイスラエルの艦船が監視しており、漁業も僅かしかできません。街路には、貧弱な商店や家などが並び、職のない人たちが、あちこちにたむろしています。その北方の一角に、フェンス越しに、緑の広い芝とプールを備えた瀟洒なユダヤ人の「入植地(settlement)」つまり植民地がある。瞬間、私は、芝生、プールつきの小綺麗な住宅が並び、フェンスのこちらには、黒ずんだブロック建ての狭い家が密集していた、沖縄を思い出したのでした。

その後、国連部隊の四輪駆動車で、シナイ半島に連れて行ってくれました。行けども行けども、一本の木もなく、やや黄色じみた砂また砂が限りなく続く平面を走りながら、砂漠とはこういうものかと、恐怖を感じました。と同時に、水の用意をし、こうした砂漠を各地で越えていった商人や宗教者が、文明の伝達者として道を開いてきた気概への感動を覚えたのでした。

これらの旅は、すべて国連側が提供してくれた車で行きましたが、その他にも、真っ白に塗った国連関係のヴァンや運搬車が、あちこちで走っていました。その白ペンキの下には「フォルクスワーゲン」の名が、浮き出して見え、西ドイツの存在が顕著でした。「何故フォルクスワーゲンだけで、日本の車などを使わないのか」と尋ねたところ、「フォルクスワーゲンは、砂漠用に空冷のエンジンの車を提供してくれたから」という返事でした。車の販売に専念する、日本の近視眼的な商業主義が恥ずかしい思いでした。

(上巻終わり)

坂本義和

1927年米国ロスアンジェルスに生まれる
現在ー東京大学名誉教授
専攻ー国際政治学・平和研究
著書ー『新版 軍縮の政治学』
『相対化の時代』(以上，岩波新書)
『坂本義和集』(全6巻，岩波書店) ほか
編著ー『世界政治の構造変動』(全4巻)
『核と人間』(I・II，以上，岩波書店) ほか

人間と国家(上)
ある政治学徒の回想
岩波新書(新赤版)1316

2011年7月20日　第1刷発行

著　者　坂本義和《さかもとよしかず》

発行者　山口昭男

発行所　株式会社 岩波書店
〒101-8002 東京都千代田区一ツ橋2-5-5
案内 03-5210-4000　販売部 03-5210-4111
http://www.iwanami.co.jp/

新書編集部 03-5210-4054
http://www.iwanamishinsho.com/

印刷・精興社　カバー・半七印刷　製本・中永製本

ISBN 978-4-00-431316-8　Printed in Japan

岩波新書新赤版一〇〇〇点に際して

ひとつの時代が終わったと言われて久しい。だが、その先にいかなる時代を展望するのか、私たちはその輪郭すら描きえていない。二〇世紀から持ち越した課題の多くは、未だ解決の緒を見つけることのできないままであり、二一世紀が新たに招きよせた問題も少なくない。グローバル資本主義の浸透、憎悪の連鎖、暴力の応酬――世界は混沌として深い不安の只中にある。

現代社会においては変化が常態となり、速さと新しさに絶対的な価値が与えられた。消費社会の深化と情報技術の革命は、種々の境界を無くし、人々の生活やコミュニケーションの様式を根底から変容させてきた。ライフスタイルは多様化し、一面では個人の生き方をそれぞれが選びとる時代が始まっている。同時に、新たな格差が生まれ、様々な次元での亀裂や分断が深まっている。社会や歴史に対する意識が揺らぎ、普遍的な理念に対する根本的な懐疑や、現実を変えることへの無力感がひそかに根を張りつつある。そして生きることに誰もが困難を覚える時代が到来している。

しかし、日常生活のそれぞれの場で、自由と民主主義を獲得し実践することを通じて、私たち自身がそうした閉塞を乗り超え、希望の時代の幕開けを告げてゆくことは不可能ではあるまい。そのために、いま求められていること――それは、個と個の間で開かれた対話を積み重ねながら、人間らしく生きることの条件について一人ひとりが粘り強く思考することではないか。その営みの糧となるものが、教養に外ならないと私たちは考える。歴史とは何か、よく生きるとはいかなることか、世界そして人間はどこへ向かうべきなのか――こうした根源的な問いとの格闘が、文化と知の厚みを作り出し、個人と社会を支える基盤としての教養となった。まさにそのような教養への道案内こそ、岩波新書が創刊以来、追求してきたことである。

岩波新書は、日中戦争下の一九三八年一一月に赤版として創刊された。創刊の辞は、道義の精神に則らない日本の行動を憂慮し、批判的精神と良心的行動の欠如を戒めつつ、現代人の現代的教養を刊行の目的とする、と謳っている。以後、青版、黄版、新赤版と装いを改めながら、合計二五〇〇点余りを世に問うてきた。そして、いままた新赤版が一〇〇〇点を迎えたのを機に、人間の理性と良心への信頼を再確認し、それに裏打ちされた文化を培っていく決意を込めて、新しい装丁のもとに再出発したいと思う。一冊一冊から吹き出す新風が一人でも多くの読者の許に届くこと、そして希望ある時代への想像力を豊かにかき立てることを切に願う。

（二〇〇六年四月）

政治

日本の国会　大山礼子
戦後政治史〔第三版〕　石川真澄・山口二郎
政権交代論　山口二郎
戦後政治の崩壊　山口二郎
日本政治 再生の条件　山口二郎編著
〈私〉時代のデモクラシー　宇野重規
大臣〔増補版〕　菅直人
生活保障 排除しない社会へ　宮本太郎
「ふるさと」の発想　西川一誠
政治の精神　佐々木毅
ドキュメント アメリカの金権政治　軽部謙介
「戦地」派遣 変わる自衛隊　半田滋
民族とネイション　塩川伸明
昭和天皇　原武史
自衛隊 変容のゆくえ　前田哲男
集団的自衛権とは何か　豊下楢彦
安保条約の成立　豊下楢彦
沖縄密約　西山太吉
吉田茂　原彬久
市民の政治学　篠原一
東京都政　佐々木信夫
住民投票　今井一
政治・行政の考え方　松下圭一
市民自治の憲法理論　松下圭一
私の平和論　日高六郎
自由主義の再検討　藤原保信
海を渡る自衛隊　佐々木芳隆
象徴天皇　高橋紘
近代民主主義とその展望　福田歓一
近代の政治思想　福田歓一

法律

知的財産法入門　小泉直樹
消費者の権利〔新版〕　正田彬
司法官僚 裁判所の権力者たち　新藤宗幸
名誉毀損　山田隆司
刑法入門　山口厚
家族と法　二宮周平
会社法入門　神田秀樹
憲法とは何か　長谷部恭男
良心の自由と子どもたち　西原博史
独占禁止法　村上政博
著作権の考え方　岡本薫
有事法制批判　憲法再生フォーラム編
裁判官はなぜ誤るのか　秋山賢三
日本の刑務所　菊田幸一
憲法への招待　渋谷秀樹
憲法と国家　樋口陽一
法とは何か〔新版〕　渡辺洋三
日本社会と法　渡辺・甲斐・広渡・小森田編
法を学ぶ　渡辺洋三
民法のすすめ　星野英一
納税者の権利　北野弘久
日本人の法意識　川島武宜

(2011.5)　(AB)